DRC

国务院发展研究中心研究丛书 2021

大型城市群
住房体系与政策

马建堂 主编

THE DEVELOPMENT OF HOUSING SYSTEM IN CHINA'S METROPOLITAN AREA

王 微 邓郁松 等 著

中国发展出版社
CHINA DEVELOPMENT PRESS

图书在版编目（CIP）数据

大型城市群住房体系与政策/王微等著．—北京：中国发展出版社，2021.12（2022.4 重印）

ISBN 978－7－5177－1271－8

Ⅰ.①大… Ⅱ.①王… Ⅲ.①城市群—住房制度—研究—中国 Ⅳ.①F299.233.1

中国版本图书馆 CIP 数据核字（2021）第 257344 号

书　　名：大型城市群住房体系与政策
著作责任者：王　微　邓郁松　等
出 版 发 行：中国发展出版社
联 系 地 址：北京经济技术开发区荣华中路 22 号亦城财富中心 1 号楼 8 层（100176）
标 准 书 号：ISBN 978－7－5177－1271－8
经　销　者：各地新华书店
印　刷　者：北京市密东印刷有限公司
开　　本：710mm×1000mm　1/16
印　　张：13.5
字　　数：165 千字
版　　次：2021 年 12 月第 1 版
印　　次：2022 年 4 月第 2 次印刷
定　　价：68.00 元

联 系 电 话：（010）68990642　68990692
购 书 热 线：（010）68990682　68990686
网 络 订 购：http：//zgfzcbs.tmall.com
网 购 电 话：（010）68990639　88333349
本 社 网 址：http：//www.develpress.com
电 子 邮 件：fazhanreader@163.com

“大型城市群住房体系发展研究”
课题组

课题顾问：

王安顺　国务院发展研究中心党组成员、副主任（正部长级）

课题负责人：

王　微　国务院发展研究中心市场经济研究所所长、研究员

课题执行负责人：

邓郁松　国务院发展研究中心市场经济研究所副所长、研究员

课题组成员：

邵　挺　国务院发展研究中心市场经济研究所研究室主任、研究员

牛三元　国务院发展研究中心市场经济研究所副研究员

王瑞民　国务院发展研究中心市场经济研究所副研究员

苏诺雅　国务院发展研究中心市场经济研究所助理研究员

总　序

深刻把握决策咨询工作新要求
为走好新征程贡献智慧和力量

马建堂

2021 年，是党和国家历史上具有里程碑意义的一年。在以习近平同志为核心的党中央坚强领导下，我们隆重庆祝中国共产党成立一百周年，实现第一个百年奋斗目标，开启向第二个百年奋斗目标进军新征程，沉着应对百年变局和世纪疫情，构建新发展格局迈出新步伐，高质量发展取得新成效，实现了“十四五”良好开局。党的十九届六中全会通过的《中共中央关于党的百年奋斗重大成就和历史经验的决议》，深刻总结了党在百年波澜壮阔、气壮山河的发展历程中所取得的惊天动地、改天换地的巨大成就和过去坚持、现在坚持、将来仍需坚持的宝贵经验，深刻阐明了党百年奋斗的历史意义和新时代党的使命担当，必将指引全党全国各族人民以史为鉴、开创未来，埋头苦干、勇毅前行，走好新征程、奋进新时代、创造新伟业。

放眼全球，百年未有之大变局加速演进，世界进入动荡变革期，机遇与挑战并存；立足国内，我国进入向第二个百年奋斗目标进军的新征程，发展具有多方面优势和条件，但也面临不平衡不充分问题，潜力和矛盾共生。新征程上的新形势新变化，对我们认真贯彻落实习近平总书记关于国家高端智库建设重要论述、高质量推进决策咨询事业、走好新的赶考之路，提出了更高更迫切的要求，需要我们在党的创新理论引领下，按照党中央战略决策部署，对党和国家事业中的重大问题深入分析研判、科学谋划对策，更好发挥建言咨政和参谋助手作用。

近年来，国务院发展研究中心坚持以习近平新时代中国特色社会主义思想为指导，深入学习贯彻党的十九大和十九届中央历次全会精神，弘扬伟大建党精神，牢记“智库姓党”，胸怀“两个大局”，聚焦主责主业，持续提高综合研判和战略谋划能力，加快体制机制创新，着力深化国际交流合作，奋力开创决策咨询工作新局面。在创新实践中，我们形成并不断深化了走好新征程对于决策咨询工作新要求的认识。

走好新征程，要求我们更加深入学习贯彻习近平总书记对中国特色新型智库建设的重要指示批示，更好把握决策咨询工作规律。中国特色新型智库是国家软实力的重要载体，是党和政府科学民主依法决策的重要支撑。建设中国特色新型智库，是以习近平同志为核心的党中央立足党和国家事业全局作出的重要决策部署。党的十八大以来，我国高端智库建设取得了长足进步，在出思想、出成果、出人才方面取得了很大成绩，为推动改革开放和社会主义现代化建设作出了重要贡献。同时，我们也清醒认识到，我国具有较大影响力和国际知名度的高端智库仍相对缺乏，智库领军人物和杰出人才仍有待涌现，研究成果与高质量发展的目标要求仍不太适配。新征程对咨询机构建设和决策咨询工作提出了新需求，主要体现在：亟须加强智库组织形式和管理方式创新，进一步优化智库资源配置；亟须加快打造高素质、专业化、复合型的忠诚干净担当的决策咨询人才队伍，尤其是具有国际影响力和战略擘画力的高层次人才；亟须对国际国内重大形势变化和深层次重大问题进行系统、科学、战略研判，进而形成高质量的决策咨询成果；亟须拓展高端智库国际视野，讲好中国故事，不断提升我国的国际影响力和话语权。在新征程上，我们必须牢牢把握决策咨询工作规律，深刻认识新征程对智库建设的新需求，深入调查研究，不断改革创新，努力提出强国兴国的新对策、利国利民的好建议。

走好新征程，要求我们更加自觉以党的创新理论为指导，加快国际一流决策咨询机构建设步伐。理论武装是走好新时代长征路的政治保证。新征程上，作为服务党和政府的决策咨询机构，我们必须始终牢记“智库姓党”，旗帜鲜明坚持党对咨询研究工作的全面领导，牢固树立和坚决贯彻决策咨询机构服务于党和人民事业的理念，坚持以人民为中心、着眼国家整体利益开展决策咨询研究。要不断增强政治意识、夯实思想根基，贯彻好党的基本理论、基本路线、基本方略，持续运用党的创新理论指导咨询研究实践、推进政治机关建设。要把更好学习贯彻党的创新理论和中央决策部署作为根本方向，善于运用马克思主义的立场、观点和方法，找准党的创新理论在咨询研究工作中的落脚点、结合点、创新点，强化问题导向、目标导向、效果导向，更好运用党的创新理论来观察时代、把握时代、引领时代。

走好新征程，要求我们更加主动聚焦“国之大者”，以广视野大担当做好决策咨询研究。“不谋万世者，不足谋一时；不谋全局者，不足谋一域。”新征程上，作为为党中央、国务院出谋划策的研究者，我们必须增强全局视野和系统观念，把咨询研究工作置于党和国家事业发展大局之中。切实把为中央决策提供高质量服务作为初心使命，高质量完成中央交办的任务，为中央提出更多科学精准、务实管用的对策建议。要胸怀“两个大局”，聚焦“国之大者”，深刻理解和把握中央在关心什么、强调什么，什么是党和国家最重要的利益、最关注的问题，做到在重大问题研判上眼睛明亮、头脑清醒，在重大建议谋划上贴合实际、直指要害。要进一步着眼重大理论和实践问题，把握经济社会发展规律，特别是紧紧围绕立足新发展阶段、贯彻新发展理念、构建新发展格局、推动高质量发展，开展深入系统的调查研究，逐步完善根植中国大地、贴近中国实际、具有中国特色的政策研究规范和理论话语体系。

走好新征程，要求我们更加努力推进能力建设，以更高质量的成果更好服务党和政府决策。“知之真切笃实处即是行，行之明觉精察处即是知。”新征程上，作为服务党和政府的决策咨询机构，我们必须坚定不移加强能力建设，培养政治家的站位、哲学家的思辨、科学家的缜密，加强研究人员的思想淬炼、政治历练、实践锻炼、专业训练，提高政治站位、增进政治智慧，不断提高政治判断力、政治领悟力、政治执行力。要进一步瞄准国家重大战略需求，紧盯重点领域和关键环节，善于用百年未有之大变局的宽广镜头来观照现实，善于从多个角度、多个维度看世界，在把握大局大势中找到坐标、找准定位，不断增强综合研判和战略谋划能力。要大力提升调查研究能力，做好做足“脚底板下的文章”，迈开步子、走出院子，扑下身子、沉到一线，捕捉新情况、新问题、新做法。要不断推进研究方式方法创新，加强对大数据等新技术的运用，为研究成果的科学性、可靠性提供坚实有力支撑。

走好新征程，要求我们更加深刻阐释党的理论和路线方针政策，以与时俱进的传播方式不断弘扬正能量、传播好声音。高端智库是思想产品的制造者，也是思想产品的传播者。新征程上，作为国家高端智库，我们要切实围绕党的创新理论和路线方针政策，更加积极主动开展政策解读，着力在视野广度、立论角度、理论深度、创新力度上下功夫。要做实传播平台，拓宽传播渠道，完善传播方式，逐步形成多层次、广覆盖的研究成果传播体系。要健全成果发布机制，打造智库传播品牌，推出更多研究咨询精品力作，形成良好社会效应。要打造和用好论坛等重要国际交流平台，持续讲好中国故事、传播好中国声音。要深化与国际组织、国外政府部门、国际知名智库、主流媒体和权威学术期刊的交流合作，积极用好国外社交媒体，持续提升对国际社会的影响力、引领力。

现在奉献给各位读者的这套“国务院发展研究中心研究丛书2021”，是过去一年多来国务院发展研究中心部分代表性成果的集中展示，也是中心自2010年以来连续第12年将研究成果集结出版。本年度丛书共包括9部著作，其中，《全面建成小康社会进展情况研究与评估》是国务院发展研究中心重大课题研究成果，《迈向2035年的中国乡村》《提升产业基础能力和产业链现代化水平研究》《黄河流域生态保护和高质量发展总体思路和战略重点》《推动共建“一带一路”高质量发展：进展、挑战与对策研究》等7部是国务院发展研究中心重点课题研究成果，还有1部是部（所）重点课题研究成果。12年来，中心出版的丛书累计160余种，受到社会各界，特别是中央和地方各级领导同志以及决策咨询研究机构工作者的高度认可与广泛好评。在此，我谨代表国务院发展研究中心和丛书编委会，向广大读者表示真诚的感谢！希望丛书继续得到领导、专家、读者们的关心、指导和帮助！

“雄关漫道真如铁，而今迈步从头越。”走上新的“赶考”之路，我们要更加紧密地团结在以习近平同志为核心的党中央周围，深刻认识“两个确立”的重大意义，持续深入学习贯彻习近平新时代中国特色社会主义思想，更好践行“为党咨政、为国建言、为民服务”职责使命，唯实求真、守正出新，为在新时代新征程上赢得更加伟大的胜利和荣光，贡献更多的智慧和力量。

2021 年 12 月

（作者为国务院发展研究中心党组书记）

摘 要

中国的城市化已经进入城市群发展阶段，包括人口在内的大量要素加快向城市群特别是大型城市群集中。人口集聚必然带来大量的新增住房需求，大型城市群住房问题成为当前乃至未来相当长时期内住房政策关注的重点。本书在对城市群及其住房发展一般规律进行归纳总结的基础上，首次对中国7个人口超过7000万人（全国人口的5%）、GDP超过5万亿元（全国GDP的5%）的大型城市群住房发展情况及其发展趋势进行系统分析，研究提出推动大型城市群住房体系建设的政策建议。

城市群是大国城市化发展到一定阶段后的空间呈现。随着核心城市的经济结构从工业主导向服务业主导转变，核心城市的部分产业将向周边城市转移，核心城市与周边城市在产业、交通、人口等方面的联系显著增强，并推动城市群动态演进。当城市化率达到50%时，城市数量和规模都显著扩大，空间上开始呈现连片发展的趋势。此时往往也是经济结构调整的重要节点，人口、资本等要素资源将在地理空间上重新配置，城市之间的联系显著增强，城市群开始起步。当城市化率达到70%时，城市群的边界基本框定，以服务业为主导的经济结构基本形成，城市群进入成形阶段。此后，整个国家进入城市化后期阶段，产业结构与就业结构继续演化。随着三次产业增加值占比与就业在三次产业的占比基本稳定，城市群进入成熟阶段，此时城市化率一般在75%以上。

从国外城市群住房体系发展历程来看，进入起步阶段后，城市群人口快速增长，带动住房需求持续较快增长。由于就业机会更多、收入水平较高，核心城市特别是其中心区域，人口与住房需求增长更快。虽然城市群住房供应整体增长较快，但核心城市的土地稀缺性日益凸显。增加住房供应成为这一阶段的政策重点，并伴随着大规模的公共住房建设与城市更新活动。在成形阶段，城市群住房需求的多样性凸显，人们对居住品质的要求不断提高，核心城市住房支付能力不足、居住成本上升的问题日益突出；住房供应以外圈层城市、周边城市以及盘活存量为主。由于成本低且更有利于职住平衡，住房租赁得到快速发展，成为解决住房问题的重要渠道。规范租赁市场发展，住房保障以“补人头”为主取代以“补砖头”为主成为这一阶段的政策重点。核心城市住房支付能力不足的问题并未随着城市群发展进入成熟阶段而自动缓解，甚至更加突出。

总体来看，产业、人口和住房协调发展是实现城市群住房持续健康发展的关键。住房体系发展目标和政策重点需要根据城市群的不同发展阶段进行适时调整。满足差异化、多元化的住房需求是大型城市群住房体系面临的重要挑战，城市群核心城市住房问题将长期存在。这就需要我们创新思路，从整个城市群层面进行统筹协调，并将住房租赁作为解决居住需求的重要渠道。

改革开放以来，中国城市化水平以每年1个百分点的速度快速提升，2020年城市化率达到63.89%，以城市群为主体的新型城市化格局正在加快形成。中国的七大城市群城市化率普遍超过50%，产业结构正处在从制造业为主导转向以服务业为主导的关键阶段。从所处阶段看，城市化仍处于从起步阶段向成形阶段的迈进过程中，发展的不平衡问题较为突出，不同城市群高端要素的集聚能力和产业竞争力差异导致了城市群的发展水平差异。长三角、珠三角和京津冀城市群由于教育、科研、金融等高端要素高度集聚，具有典型的高端要素集聚型城市群的特征；长江中游、成渝、海峡西岸及中原城市群在经济结构调整过程中城市化率稳定攀升，具有明显的产业稳定发展型城市群特征。

得益于1998年以来的住房市场化改革，七大城市群住房条件均显著改善，但不同城市群、城市群内不同城市的居住水平存在明显差异，珠三角和京津冀城市群的人均住房面积相对偏低，核心城市人均住房面积偏低。总体来看，商品住宅是大型城市群住房供应的主体，在京津冀、长三角、长江中游、成渝城市群住房供应中的占比均超过85%，但在珠三角城市群的占比不到40%，大量的新市民居住在“城中村”农民自建房中。

住房供需关系特别是住房供应中的商品房比例差异，导致了不同城市群的房价与住房支付能力差异。七大城市群中，珠三角、长三角、京津冀城市群房价最高，每平方米的均价已经突破万元大关，核心城市更是突破5万元；海峡西岸、长江中游、成渝城市群紧随其后；中原城市群的房价相对较低，每平方米均价在5500

元。从住房支付能力来看，珠三角（9.7）、京津冀（8.5）和海峡西岸（8.0）城市群的房价收入比明显高于其他城市群，核心城市住房支付能力不足的问题就更加突出。从购房人群分布来看，珠三角城市群的外地人购房比例最高，每4个购房者中仅有1个本地人。京津冀、长三角城市群的外地人购房比例也较高，约占1/3。长江中游、成渝、中原和海峡西岸城市群以本地人群购房为主，占比均在80%以上。外地购房者的比重，实际上反映的是城市群特别是其核心城市的吸引力与辐射力，珠三角的新市民数量在各城市群中遥遥领先。相应地，各城市群租房人群的来源分布与购房情形基本一致。

当前及未来相当长时期内，大型城市群的人口仍在快速集聚与增长，高端要素集聚型城市群的核心城市住房供不应求、住房支付能力不足问题日益凸显，住房发展需要特别关注存在住房困难的新市民群体，注重发展租赁住房，并有效保护租房者权益。同时还要看到，不同城市群以及城市群内部不同城市间公共服务水平差异明显，基本公共服务均等化任重而道远；而城市群交通等基础设施发展亦不均衡，进一步制约了城市群产业、人口与住房的协调发展。

大型城市群特别是其核心城市的住房问题将长期存在，住房政策需要更加关注城市群住房问题，但不同类型的城市群因内在的发展差异，客观上要求住房政策因城市群施策。珠三角、长三角、京津冀等高端要素集聚型城市群应高度重视解决核心城市新增住房供给不足的问题，防范房地产泡沫风险。成渝、长江中游等产业稳定发展型城市群应继续致力于产业、人口和住房的协调发展。特别需要注意的是，大型城市群的发展如同逆水行舟，产业转型滞后、人口政策不友好等有可能使其发展陷入衰退，并对住房市场造成冲击，应极力避免。

中国大型城市群住房体系的建设尚处在探索期，需要在城市规划、人口、土地、住房等层面进行综合协调，推动建设面向未来、富有弹性、包容性强的城市群住房体系，为城市群的高质量发展提供有效支撑。

一是制定大型城市群住房发展总体规划，增强住房规划与其他规划的协同性。将住房体系发展专项规划纳入大型城市群发展规划中，统筹考虑住房、产业、人口、交通等相关专项规划，增强相关规划间的协同性，促进产业、城市功能、人口流动、基础设施的合理布局和调整。区分不同类型的城市群，以及城市群内部核心城市与非核心城市住房需求特点，适应城市群住房需求结构的变化，系统研究城市群商品住房、租赁住房和住房保障三大供应体系，实现城市群住房供需基本平衡、结构合理优化。

二是完善大型城市群产业、交通和基本公共服务等体系，推进住房体系与经济社会协调发展。优化大型城市群产业分工与布局，推进大型城市群交通一体化，实现交通基础设施互联互通，加快大型城市群公共服务便利共享，优化优质教育和医疗卫生资源布局。

三是健全大型城市群住房市场体系和保障体系，满足多层次多样化住房需求。重视对存量土地和住房资源的盘活与再利用，发挥好商品房市场在改善住房条件方面的主渠道作用，以盘活存量资源和闲置用地为主发展住房租赁市场，完善住房保障体系。

四是探索大型城市群房地产市场联动调控机制，促进房地产市场健康平稳运行。高度重视建立一、二手房联动调控的机制，探索建立大型城市群人地房挂钩机制，优化住房用地供应体系，完善大型城市群住房金融调控机制，对各类流向房地产领域的资金加强监管。

五是推进城市群的城市更新和老旧小区改造，提升住房品质。重视建立可循环再生的住房体系，让中心城市的“老龄化住宅”实现循环再生。鼓励城市更新中土地功能的多元化使用和弹性用地。加大城市更新的政策支持力度，确保城市结构安全、基本功能完善，并能传承历史风貌、提升居住环境。

六是因地制宜确定城市群内住房供给的重点方向。长三角、珠三角、京津冀等高端要素高度集聚型的城市群，要充分利用中心城市周边城市的住房供给潜力，合理满足中心城市的住房需求。探索中心城市与周边交通便捷、公共服务配套良好城市在购房资格上的同城化，中心城市的居民到同一城市群周边城市购房享受与当地居民相同的待遇，合理引导中心城市旺盛的住房需求向周边城市有序转移。长江中游、成渝等产业稳定发展型的城市群，要充分利用住房市场基本稳定、人口流入和产业升级加快的优势，尽快构建产城房融合发展格局。

目 录

总报告

大型城市群住房体系与政策 …………………………………………… 1

一、大型城市群内涵及住房发展特征……………………………………… 1

二、城市群演进的阶段特征和主要类别 ………………………………… 11

三、国际大型城市群住房体系发展特征和启示 ………………………… 22

四、中国大型城市群发展背景和所处阶段 ……………………………… 39

五、中国大型城市群住房发展情况和需要关注的主要问题 …………… 53

六、中国大型城市群发展趋势及对住房体系发展的新要求 …………… 73

七、大型城市群住房体系发展目标和总体思路 ………………………… 78

八、推动大型城市群住房体系建设的建议……………………………… 82

专题报告一

进一步完善粤港澳大湾区住房供应体系的建议 ……………………… 90

一、核心城市商品房供应不足导致自有率低，房价上涨较快 ………… 90

二、租赁住房供应以非正规住房为主，价廉但品质较差 ……………… 94

三、住房保障仍有待扩大覆盖人群，完善保障方式 …………………… 95

四、政策建议 ……………………………………………………………… 97

专题报告二

完善城市群住房体系，推动成渝双城经济圈发展 ………………… 100

一、成渝城市群的主要特征……………………………………………… 100

二、成渝城市群住房体系主要特征 …………………………………… 102
三、成渝城市群住房体系建设的主要做法 ……………………………… 105
四、成渝城市群住房体系发展面临的问题 ……………………………… 107
五、政策建议 ………………………………………………………… 110

专题报告三

构建长江中游城市群住房体系，助力中部地区高质量发展 ………… 112
一、长江中游城市群的主要特征 …………………………………… 112
二、长江中游城市群住房体系现状 ………………………………… 115
三、长江中游城市群住房发展面临的主要挑战 …………………… 119
四、推动长江中游城市群住房体系发展的建议 …………………… 122

专题报告四

国际主要城市群的演进与住房发展借鉴 ………………………… 125
一、三大世界级城市群概况 ………………………………………… 126
二、美国东北部城市群的演进与住房发展情况 …………………… 127
三、美国西海岸城市群的演进与住房发展情况 …………………… 130
四、日本环东京城市群的演进与住房发展情况 …………………… 138
五、借鉴与启示 …………………………………………………… 140

专题报告五

中国住房政策体系的演进历程与面临的新形势 ………………… 150
一、商品房市场体系：政策脉络与主要成效 ……………………… 150
二、住房保障体系：政策脉络与主要成效 ………………………… 157
三、租赁住房体系：政策脉络与主要成效 ………………………… 161
四、住房发展阶段与需求结构发生深刻变化 ……………………… 163
五、大型城市群发展对城市住房体系的新要求 …………………… 165
六、新阶段住房体系的发展重点 …………………………………… 169

专题报告六

中国 19 个城市群概况 …………………………………………………………… 175
一、中国高度重视城市群发展…………………………………………………… 175
二、中国 19 个城市群发展概况 ………………………………………………… 176
三、各城市群的初步分类 ……………………………………………………… 188

参考文献………………………………………………………………………… 192
后记……………………………………………………………………………… 195

总报告

大型城市群住房体系与政策

一、大型城市群内涵及住房发展特征

（一）城市群的内涵界定

城市群（urban agglomeration）是以中心城市为核心向周围辐射构成的多个城市的集合体（顾朝林，2011）。需要指出的是，城市群实际上是一个中国特色的概念，在国外并无完全对等的概念。联合国认为urban agglomeration由一个城市或城镇的中心城区与郊区边缘地带或毗邻的外部地区组成。一个大的城市群可能包括几个城市或城镇郊区及其边缘地区[①]。换言之，除了城市外，城市的外围地区也包含在urban agglomeration内。中国语境下的城市群，则主要指地域相近，有一定的行政、交通、经济、社会等联系的城市组群，更加强调“城市”区域的组团。

从概念起源来看，1957年地理学家戈特曼（J. Gottmann）把美国东北海岸的波士顿到华盛顿600英里长、具有3000万人口的城市连绵区域（continuity of an area of metropolitan）定义为Megalopolis（城市

① https：//unstats. un. org/unsd/demographic/sconcerns/densurb/densurbmethods. htm.

群[①])，将其视为城镇化发展到高级阶段的地域呈现，开城市群研究先河。Megalopolis（城市群）具备“广袤区域下的超级城市特征”（super-metropolitan character of this vast area）以及“空前的巨大增长”（the greatest such growth ever observed），通常拥有发达的制造业，商业与金融功能（commercial and financial functions）不可或缺，文化领导者功能（function of cultural leadership）也很重要。

（二）中国大型城市群界定

戈特曼（1957）为城市群设定了2500万人的标准，并特别强调了“大城市的密度”（the density of great cities）对于城市群的重要性，即城市群是城市化发展到高级阶段后的空间形态，作为高度城市化的地区，城市群内的“城市”在地图上是连成片的。同时，城市群是各类要素和功能高度集中的地区。课题组拟在戈特曼提出的经典概念基础上，首先梳理既有研究对大型城市群的界定，然后提出对大型城市群的界定标准。

1. 既有研究对中国城市群规模等级的划分和大型城市群的界定

中国的大城市与其外围地区并不主要表现为通勤联系，而是反映在人口、资金、信息等方面的综合联系。周一星和张莉（2003）对中国城市群的雏形——城市经济区进行了划分。他们根据城市中心性的等级体系，确定京津冀、长江三角洲和珠江三角洲为全国的经济核心区；并通过外贸货流、铁路客货流、人口迁移流、信件流等流量的流向分析，概括了三大核心区的内向型和外向型腹地范围；在此基础上，把中国经济地域划分为北方区、东中区和南方区3个一级城市经济区

---

① 国内也有学者将其翻译为大都市带。

和11个二级区。这为后面国家城市群空间结构格局的研究起到了积极的引导作用。

针对中国地域辽阔、地区差异大等特征，姚士谋等（2006，2016）将城市群划分为以下三种类型。第一类：大型或超大型的群组形式的城市群。其主要特征如表1所示，典型代表如京津冀城市群、长三角城市群、珠三角城市群以及长江中游城市群。其经济中心是特大城市或超大城市，不仅具有一个或两个全国性的中心城市（如京津冀城市群中的北京、天津，长三角城市群中的上海），也有跨地区性的经济中心（如长三角城市群中的南京、杭州）。这些城市拥有雄厚的科学技术、工业和文化教育等实力，并能发挥一定的全国性经济中心的作用。城市群内的核心城市，人口密度大，土地利用效率高，能够吸引各类人流、物流、信息流，城市群服务半径可达150～200千米，辐射范围可达全国。第二类：中等规模城市群。其中心城市是大城市或中等城市，属于省内经济区域范围，如关中地区城市群，服务半径为80～100千米，经济辐射范围主要在省内。第三类：地区性的小型城市群组。其城镇分布比较分散，联系并不紧密，中心城市多为中小城市。总体来看，中国城市群功能分工水平仍然相对较低，东部地区城市群分工水平显著高于西部地区且呈现差距不断拉大的趋势（赵勇、白永秀，2012）。

《国民经济与社会发展第十三个五年规划纲要》中提出加快19个城市群发展，并进一步指出京津冀、长三角、珠三角要建设世界级城市群①。根据发展阶段的不同，上述城市群被进一步区分为成熟型城

---

① 需要注意的是，城市群和都市圈是两个不同的概念。根据中国《关于培育发展现代化都市圈的指导意见》，都市圈是指围绕某一个中心城市（即超大或特大城市）的城镇化形态。城市群是由若干个都市圈构成的广域城镇化形态，其内部应该包含若干个中心城市。在体量和层级上，都市圈要低于城市群。

市群、发展型城市群以及培育型城市群（尹稚，2020），见表2。

表1　　中国七大城市群的部分定量指标

指标名称	七大城市群
区域总人口	2500万人以上
区域内特大城市	>3座
区域内城市人口比重	>45%
区域内城镇人口比重	>50%
区域内城镇人口占省区比	>55%
等级规模结构（5个等级）	较为完整
交通网络密度	铁路350～550；公路2000～2500
社会商品零售占全省区的百分比	>55%
流动人口占全省区的百分比	>65%
工业总产值占全省区的百分比	>85%

资料来源：姚士谋等（2006，2016）。

表2　　中国城市群的分类

类　型	城市群名称
成熟型城市群（2个）	长三角、珠三角
发展型城市群（10个）	京津冀、长江中游、成渝、辽中南、哈长、山东半岛、关中平原、海峡西岸、黔中、滇中
培育型城市群（7个）	呼包鄂榆、宁夏沿黄、中原、山西中部、兰州—西宁、北部湾、天山北坡

资料来源：尹稚（2020）。

总体来看，中国语境下的“城市”概念本身就带有行政区划的意味，往往既包括高度城市化的“建成区”，也包括大量的乡村地区。国家规划层面提出的19个城市群中，除长三角城市群、珠三角城市群、京津冀城市群“建成区”密度相对较大、在地图上能够连成片以外，其余城市群的“建成区”密度较大，部分培育型城市群的“建成区”实际上被广大农村区域所包围，城市群内部城市之间的联系也并不紧密。

2. 课题组对中国大型城市群的界定

综合既有研究和课题研究需要，课题组从人口与经济规模、专业化分工程度、中心城市的能级三个维度，提出中国大型城市群的界定标准。

人口与经济规模。由于中国的城市区域包含大量农村区域与农村人口，且在研究中难以将城镇人口与农村人口在空间上实现精准对应，戈特曼设定的2500万人口标准与中国城市群发展实际存在较大偏差。因此，我们进一步提高了大型城市群的人口和经济总量门槛，将人口7000万人（占全国人口的5%）以上、GDP在5万亿人民币（占全国GDP的5%）以上作为大型城市群的界定标准之一。

专业化分工程度。大型城市群的中心城市与周边城市形成有效的产业分工与协作，具备较强的产业链和供应链联系。中心城市与周边城市间有发达的交通网络，城市群内部有大量的人口频繁流动。

中心城市的能级。中心城市的能级决定了城市群的活力。大型城市群应至少拥有一个超大城市或特大城市。超大城市或特大城市是各类要素高效集聚的区域，产业结构高端化，生产率和创新能力等居城市群首位。

（三）城市群产业发展与人口集聚特征

城市群产业发展情况决定了人口迁移与分布状况。在城市化进入加速阶段后期（城市化率50% ~70%）后，一方面，制造业发展过程中的规模化与专业化导致企业对外部环境和社会服务的依赖性增强，生产性服务业得以发展；另一方面，人们收入的提高也会带动生活服务业的发展。服务业比制造业表现出更强的空间集聚特征（李华香、李善同，2014），Kolko（2010）对美国的实证分析表明，生产性服务业在各行业中的集中度最高。从就业来看，制造业对劳动力的吸纳能力降低，但城市化的发展以及金融保险、专业服务及房地产业等现代服务业的蓬勃发展，使得第三产业吸纳劳动力的速度超过第二产业（国务院发展研究中心市场经济研究所课题组，2019）。与此同时，随着交通基础设施的完善，城市间的相对区位条件发生变化（李善同、王菲，2017），大型制造业部门往往从大城市迁移到周边城市或较小城市，大城市以知识密集型产业和服务业为主，城市空间结构向分散化、多中心格局与大规模郊区化转变。就业随着产业转移而相应地转移。住建部政策研究中心（2015）的分析表明，东京、伦敦等国际大型城市群都出现了人口随着产业转移而向外围和小城市迁移的现象。

城市群作为一个巨大的城市群体，不仅拥有一个或者数个大型中心城市，还有大量中小城市，是一个包括大、中、小城市和市镇的城镇组团。东京、伦敦、纽约等中心城市的周边城镇呈现出典型的金字塔结构，分布着大量人口规模在 10 万 ~ 50 万人的中小城市（住建部政策研究中心，2015）。这些中小城市在城市群发展进程中的作用也从主要满足单一居住功能的“卧城”向具备综合功能的郊区中心城转变。

（四）城市群住房市场演进特征

就城市化与房地产市场发展的一般规律而言，房地产市场的长期发展趋势与城镇化进程的 S 形曲线[①]类似（住建部政策研究中心，

---

① 美国城市学者诺瑟姆（Ray. M. Northam）在 1979 年提出了“城市化过程曲线”。经过实证研究，可以把一个国家和地区的城镇人口占总人口比重的变化过程概括为一条稍被拉平的 S 形曲线，将城市化过程分成 3 个阶段，即城市化水平较低、发展较慢的初期阶段，人口向城市迅速聚集的中期加速阶段和进入高度城市化以后城镇人口比重的增长又趋于缓慢甚至停滞的后期阶段。

2015），见图1。在城市化起步阶段，房地产市场的发展也处于摸索阶段，资金的相对短缺成为制约住房供应的关键因素；城市化进入加速期后，有效住房需求明显扩大，房地产市场也进入加速期，并成为国民经济的重要支柱产业；城市化进入成熟期后，房地产市场的新房供应明显放缓，进入存量房时代，二手房市场与租赁市场的活跃度大幅提升。

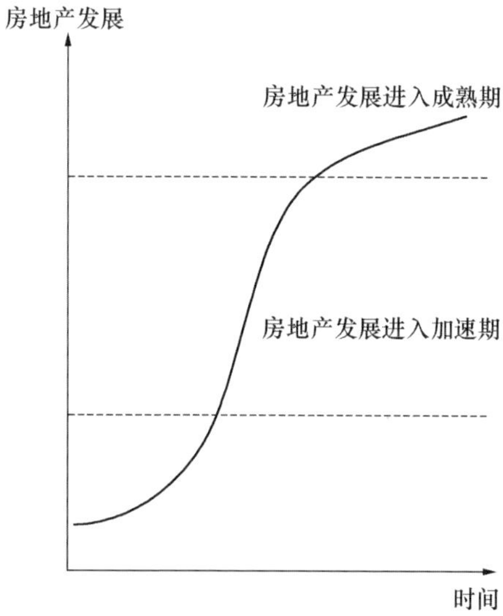

图1　房地产市场的长期发展趋势

资料来源：住建部政策研究中心（2015），课题组整理。

中国的城市化进入城市群发展阶段后，包括人口在内的大量社会经济要素将向城市群集中（李佳洺，2014）。人口向城市群的集聚必然带来大量的新增住房需求，带动城市群房价上涨。邬思怡等（2017）基于全国69个大中城市的研究发现，只有当房价上涨处于低速阶段时，才有利于城市人口的集聚，否则将产生挤出效应。部分研究者认为，产业、人口、交通的结构性变化将带来住房需求的结构性变化，城市群与房地产发展也存在一定的阶段对应关系（住建部政策研究中心，2015），见表3。

表3 城市群发展阶段与房地产发展对应关系

	雏形发育	快速发育	趋于成熟	稳定
地域结构	单核心	核心圈层	核心放射状圈层	核心轴带—圈层网络
产业联系	城市间很弱	城市间较弱	城市间开始互补	城市间互补性较强
交通网络	城市间交通网络不发达	向邻近地区延伸	向周边地区进一步延伸	区域内城市之间、城乡之间交通网络较密
人口流动	人口开始向中心城市集聚	中心快速增长，少量向外围地区扩散	向中心集聚，同时向周边城镇扩散、向中小城市集聚	各城市居住需求规模稳定，但区域人口流动常态化
市场特征	中心城市市场集聚度高，是房地产开发的重点区域	中心城市集聚度仍在加强，房地产开始向外扩张	中心城市竞争激烈，增长趋势减缓，区域重点城市发展	房地产市场已经扩张到区域一般城市

资料来源：住建部政策研究中心（2015）。

平安银行、住建部住房政策研究中心的报告（2015）指出，京津冀、长三角、珠三角城市群的住房市场将逐步以存量房交易为主，所以完善存量房的相关政策也日趋重要。需要指出的是，既有的各大城市群发展规划对住房体系的建设涉及不多，且缺乏相应的政策安排。

总体来看，进入城市群发展阶段后，中心城市随着其城市化水平的稳定，其房地产市场发展进入存量房时代，新建住宅减少，住房市场交易以存量房为主，租赁市场更加活跃，存量房的金融与中介服务日趋发达。城市群内部不同城市间的联系更加紧密，房地产供需关系在不同城市间的溢出与承接效应更加明显（住建部政策研究中心，2015）。中心城市的高房价将会导致部分居民向城市群的其他中小城市迁移。此外，还有一些实证研究对特定城市群的未来住房需求进行了测算，如贾媛媛、杨建平（2017）利用主成分分析法测算了关中城市群的住房需求。

（五）城市群内部住房价格关联与传导

城市群内部便利的交通条件和通达的信息网络，使得各地的房地产市场联系十分紧密，企业与住房需求的高流动性成为可能（DiPasquale 和 Wheaton，1996），城市群内部不同城市间的房价具有一定的联动性。房价波动向周边区域的扩散称之为“涟漪效应（ripple effect）”。Meen（1999）关于涟漪效应的解释框架亦可用来分析城市群内部的房价传导：（1）人口流动（migration），城市群中心城市房价的上涨会导致部分居民迁移至周边房价相对较低的城市，从而推高房价；（2）财富转移（equity transfer），重复的购房行为会带来房价上涨，家庭搬迁需要支付新房首付款，这一首付款来源于旧房的出售收入，若迁出地的住宅价格上涨，将导致迁移家庭的支付能力大大提升，从而导致迁入地房价上升；（3）空间套利（spatial arbitrage），在房地产市场完全有效的前提下，住宅价格的空间差异将导致空间套利行为的产生，从而产生涟漪效应；（4）房价决定因素的空间格局（spatial patterns in the determinants of house prices），城市群内某一区域率先发生的经济增长会扩散到其他区域，从而引起房价的传导。Wood（2003）指出，“涟漪效应”是一种短期现象，城市间的房价在短期内具有较强的空间相关性，但在长期内并不稳定。

国内不少文献对中国区域间、城市群内部的房价传导及涟漪效应进行了实证研究。丁如曦、倪鹏飞（2015）指出，城市群内部的房价具有显著的传导效应，尤其是邻近400千米范围内的城市间传导更加显著。李永友（2014）认为，涟漪效应是中国全域性房价上涨的重要原因。杨赞等（2019）基于2012～2017年长三角、京津冀、珠三角、长江中游、山东半岛、海峡西岸六大城市群数据，探讨了中国不同城市间住房需求的涟漪效应，分析表明每个城市群内部均存在一个或多个“主导城市”，4个一线城市之间也存在“主导城市”，房地产调控政策冲击是城市间住房需求变化传导的重要影响因素之一。王书斌等（2017）分析了一线城市对二、三、四线城市的房价涟漪效应，指出产业相似度、生活舒适性差距、交通便捷性、住房市场信息距离、社会文化距离、就业增长率、开放度和总储蓄均对涟漪效应表现出显著的促进作用。程兰芳、张凤琴（2018）对京津冀城市群内房价的涟漪效应进行了测度。其研究表明，京津冀协同发展战略背景下北京房价的涟漪效应显著，经济发展和交通改善是这一涟漪效应主要的促进因素。

概括上述研究成果，城市群作为中国特色的概念，其内涵与大都市带（megalopolis）最为接近，本质是城镇密集区域，并以中心城市为核心向周边辐射。中国城市化进入城市群发展阶段后，住房需求将主要向城市群特别是大型城市群集中，城市群中心城市的高房价导致部分居民向城市群内部的中小城市迁移，城市群住房一体化发展趋势逐步显现。因此，进入城市群发展阶段后，在住房体系顶层设计方面，须从城市群内部住房需求的联动性和市场一体化趋势出发，进行统筹谋划。在落实“一城一策”、发挥城市政府主动性的同时，也需要关注特定城市尤其是中心城市房地产调控政策对整个城市群房地产市场的影响。

二、城市群演进的阶段特征和主要类别

城市群是先发国家城市化发展到一定阶段后的空间呈现。城市群的出现和演进与特定国家经济结构的变化密切相关，特别是随着核心城市的经济结构从工业主导向服务业主导转变，核心城市的部分产业将向周边城市转移，核心城市与周边城市在产业、交通、人口等方面的联系显著增强，并推动城市群不断演进。

（一）城市化发展的一般规律和主要动力

城市化是一个复杂的经济社会过程，其本质是经济社会发展的重心从农村转向城市，劳动力、土地及资本等生产要素持续向城市配置的过程。人们的生产、生活方式也将随之变迁。在过去的 200 年中，城市化成为全球最持久、最显著的趋势之一。2008 年，全球城市居民人数在历史上第一次超过了农村居民；2018 年，全球城市人口达到 42 亿，占世界人口的比例达到 55%，预计到 2050 年 68% 的世界人口将居住在城市。

美国城市学者诺瑟姆（Ray. M. Northam）将城市化历程归纳为一条稍被拉平的 S 形曲线，于 1979 年提出了“城市化过程曲线”①。其以城市化率 30% 和城市化率 70% 作为两个关键节点，将城市化历程划分为 3 个阶段，即城市化水平较低、发展较慢的初期阶段（城市化率 30% 以下），人口向城市迅速聚集的中期加速阶段（城市化率在 30% ~70%）和进入高度城市化以后城镇人口比重的增长又趋于缓慢

① 实际上，早在 1974 年，联合国《城乡人口预测方法》就提出了类似的城市化增长曲线。

甚至停滞的后期阶段（城市化率达到70%以上）。

通常而言，在城市化的三个不同阶段，城市化动力、产业结构也各不相同。

城市化率超过10%后，城市化进入初期阶段，工业化不断加速，轻工业成为经济发展和城市化的主要动力，工业占整个经济的比重快速上升，而服务业比重的上升幅度则相对缓慢。

城市化率超过30%后，一般进入重化工业主导的加速期，这一过程一般持续到城市化率达到50%左右。随着城市人口聚集程度、分工专业化程度和生产方式复杂化程度的提高，城市居民对各类服务消费需求、工业部门对服务活动的中间需求不断增加，直接促使服务业进入快速发展阶段，服务业增加值比重进入持续上升轨道，并逐渐占据经济发展的主导地位，城市化进入服务业和新兴产业主导的时期。需要指出的是，城市化中期是城市化质量分化的关键阶段，而城市化率50%则是城市化质量分化的关键节点。城市化率在30%～50%时，是重化工业主导的城市化加速期，工业发展吸引农村人口进入城市，城市化率迅速提升，但城市的快速发展也带来了交通拥挤、住房紧张、环境恶化等一系列问题。城市化率达到50%后，逐渐进入服务业主导的时期，此时城市的相关制度与政策安排——例如促进城市基础设施、卫生条件、生活品质提升，支撑高附加值服务业和新兴产业的发展、实现高品质的城市化——至关重要。

当城市化率超过70%后，开始进入城市化后期阶段。在这一阶段，经济结构继续以服务业为主，高附加值服务业和高科技产业成为带动城市化的主导动力。

（二）城市群演进的主要阶段

为更好地厘清城市群从起步、成形到成熟阶段的演变历程、主要影响因素和特征，课题组主要从城市化率、产业结构、就业结构和基础设施条件四个方面对城市群的演进过程进行分析。其内在逻辑是：在城市化过程中，产业结构的调整带来城市主导产业的变迁和功能的变化，并推动产业和人口在空间范围内重新配置。在这一过程中，基础设施的建设、完善不仅进一步加强了城市间的联系，也在建设过程中拓展了城市群的边界。

城市化进程既是人口从乡村向城市流动的过程，也是产业结构不断调整升级的过程（见表4）。城市化率达到50%左右时，是特定国家从农业社会迈入城市社会的转折点，城市数量和规模都显著扩大，空间上开始呈现连成片发展的趋势。城市化率达到50%左右时，往往也是经济结构调整的重要节点，经济结构的调整意味着人口、资本等要素资源将在地理空间上重新配置，城市之间的联系显著增强，城市群开始起步。当城市化率达到70%时，城市群的边界基本框定，以服务业为主导的经济结构基本形成，城市群进入成形阶段。此后，整个国家进入城市化后期阶段，产业结构与就业结构继续演化。随着三次产业增加值占比与就业在三次产业中的占比基本一致，城市群也进入成熟阶段，此时城市化率一般在75%以上。

表4 城市群发展的三个阶段

	起步阶段	成形阶段	成熟阶段
城市化率	达到50%	达到70%	超过75%
基础设施	较不完善	趋于完善	较为完善
产业结构	开始从以制造业为主向以服务业为主转变	初步形成以服务业为主的产业结构	产业结构及相应的就业结构趋于稳定
人口流动	以乡—城为主，城市群外的小城市—大城市为辅	以城市群外的小城市—大城市为主，乡—城为辅	在同一城市群：产业在内部流动，城市群之间人口流动成为常态

资料来源：课题组整理。

1. 起步阶段（城市化率达到50%左右）

当一国的城市化率达到50%时，城市化率的提升速度就开始放缓。此时城市文明普及最快、城市发展的辐射力最强。城市区域在空间上开始呈现连成片的趋势，城市群开始起步，城市群承载产业与人口的能力增强。目前，世界上知名的大都市区（如美国的五大湖区、英国的伦敦—伯明翰—利物浦—曼彻斯特、日本的东京—名古屋—大阪）以及中国的长三角城市群和珠三角城市群，几乎都在城市化率达到50%左右时起步。城市群中心城市的产业结构发生重大变化，服务业（第三产业）开始超过制造业成为经济结构中占比最高的产业。中心城市的产业结构持续跃迁，尤其是第三产业的发展成为推动城市群发展的重要力量，中心城市的部分制造业企业开始向周边中小城市外迁。

这一阶段，城市群基础设施尚不完善，经济结构与产业结构开始进入新一轮较为剧烈的变动中，城市群中心城市产业结构从以制造业为主向以服务业为主转变。制造业发展的规模化与专业化，导致企业对外部环境和社会服务的依赖性增强，生产性服务业开始快速发展。同时，人们收入的提高带动了生活服务业的发展。虽然制造业吸纳的就业在减少，但由于服务业吸纳就业的能力强于制造业，中心城市的人口承载能力总体上仍在加强，大量农村人口持续进入中心城市的服务业部门。部分中小城市的人口为寻找更好的发展机会，也会向大城市迁移。在城市群内部，中心城市的部分制造业向周边中小城市迁移，也伴随着中心城市人口的外迁。

城市群内不同城市之间的交通连接开始优化。汽车的普及以及轨道交通的发展，使跨城职住成为可能。部分中心城市的居民为追求更为舒适的居住环境，也可能向郊区或者周边中小城市迁移。中心城市较高的房价和租金，会倒逼部分居民到郊区或者周边中小城市买房或者租房。总体来看，在城市群起步阶段，城市群核心相对不饱和，要素集聚程度有所增加。核心城市在人口、就业等方面仍存在吸纳空间，在一定区域范围内，通过要素集中来提升生产、服务效率的潜力空间较大，大型城市（核心城市）人口持续增加。如美国南部分别以达拉斯、休斯顿为核心的大都市区，以及东南部以迈阿密为核心的大都市区，在 1940 ~ 1970 年集聚程度均快速提升，成为吸纳人口的主力。1970 年之后，达拉斯和休斯顿作为区域中心，集中度进一步提升。

需要关注的是，城市群进入起步阶段后，人口在城市群间的流动趋势非常明显。

一是不同城市群的发展差异促进人口在城市群之间流动。在起步阶段，各城市群的整体经济发展水平存在较大差异，发展较快、高端要素集聚的城市群生活成本高、收入增长相对缓慢，而另外一些城市群收入水平相对较低但持续增长，生活成本低。相对差异为产业人口在城市群间流动带来了可能性。比如美国西南部和东南半岛城市群，在“二战”之前收入水平低于全国水平，而同期美国东北部城市群和中部五大湖城市群收入水平高，包括住房在内的生活成本也高。20 世纪 40 年代末开始，中部五大湖城市群以汽车等为代表的制造业开始向海外转移，因为其进一步发展面临产业更迭的压力，制造业从业人员就业困难；而西南部在就业机会和生活环境上的相对优势开始显现，人口持续大量流入，人口总量和人口占比不断提升（见图 2），导致西南部核心城市的人口数量高速增长（见图 3）。总的来看，从起步阶段向成形阶段迈进过程中，产业的兴起与转移不仅会带来产业、人口在城市群间的流动，也会带来城市群的兴衰更替，产业升级顺畅的城市群增长更快，会加快吸引人口流入，而产业升级滞后的城市群的增长和人口流入都会显著放缓。

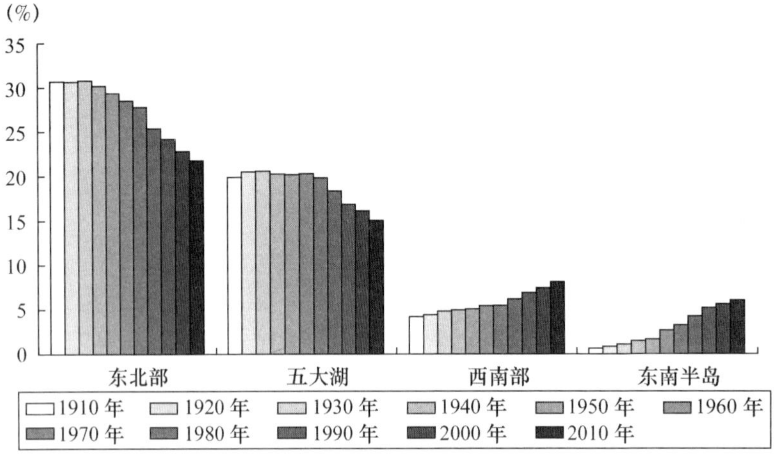

图 2 美国城市群人口占比的变化

资料来源：美国普查局。占比由课题组计算。

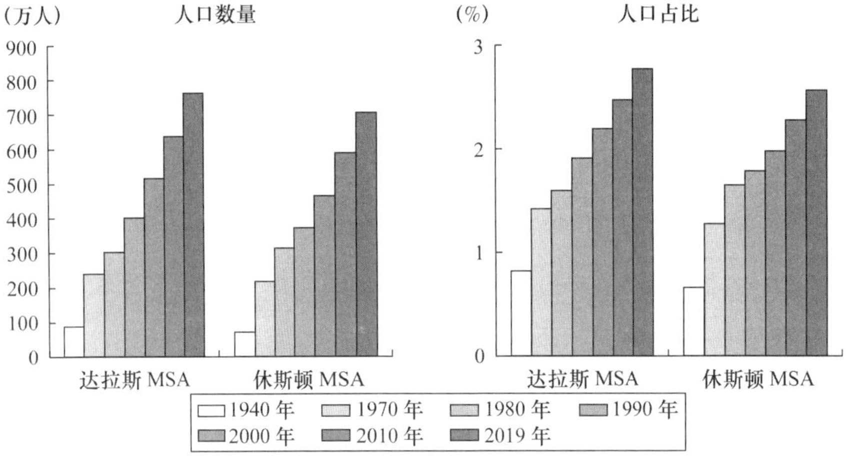

图 3 美国西南部主要都市圈人口变化情况

注："都市圈"对应美国统计定义中的大都市区（Metropolitan Statistical Areas，MSA）。各都市圈（MSA）人口、房屋信息基于县（County）层面数据加总计算，一个都市圈包含 5 ~ 20 个县不等。为确保跨时序的可比性，都市圈区与县（County）的对应关系根据美国管理和预算办公室 2018 年修订的统计区划界指南（OMBBULLETINNo. 18 - 03）确定，在各年统计年份之间保持不变。

资料来源：美国普查局。占比由课题组计算。

二是经济结构调整中的政策安排会影响城市群间人口的流动趋势。比如，美国联邦政府的一系列政策安排为南部整体发展创造了有利环境。“二战”进程中，联邦政府在南方建设了大量军工项目。在政府投资的带动下，人才、企业从发展相对停滞的中部五大湖城市群、东北部城市群大量流入南部，使南部的技术、资金等要素集聚度大幅提升。战后美国联邦政府在军工、水利建设等方面持续对南部给予支持，为南部打牢了工业基础，并以科技创新巩固制造业优势，拓展产业发展深度和广度，为南部的军工、石油、化工和航天等产业快速发展提供了良好机会。以达拉斯、休斯顿、圣安东尼奥等城市为核心的美国西南部城市群，以及以迈阿密为核心的美国东南半岛城市群都受益于这些政策安排。

三是气候环境也是影响城市群人口流动的重要因素。在收入水平相当的情况下，宜人的气候环境会增加城市群的吸引力。美国西南部城市群靠近海岸，地理位置优越，气候温和、阳光充沛，是居家的优选场所。对比来看，五大湖城市群、东北部城市群的居民，其冬季生产、生活易受到天气影响。

2. 成形阶段（城市化率达到70%左右）

城市化率达到70%左右时，城市群基本成形。城市群内部不同城市间的产业分工随着城市群的扩张而持续优化，初步形成相对稳定的产业分工格局。随着高速公路、铁路等交通体系的日渐完善，城市群内部运输体系的便利性增强，运输成本和运输时间缩短。同时，数字技术发展使交流沟通更加便捷，电子商务促进区域贸易范围扩大和贸易成本下降，区域之间的联系更加紧密、一体化程度提高。人口和价值链不同环节在城市群内不同规模的城市之间进行区位再选择，呈现出研发设计、管理营销等环节在中心城市集聚，生产制造环节在外围中小城市集聚的价值链功能分工的趋势。以日本为例，20世纪60年代末，城市化率达到70%左右时，东京城市群的制造业从中心城市向周边城市加速转移，东京都与周边的横滨、川崎等中小城市形成了“总部—制造基地”的区域合作链条。

这一阶段，城市群的基础设施趋于完善，服务业在经济结构中的主导地位显著增强，人口流动以从城市群以外的小城市向城市群流动为主，以乡—城流动为辅；同时，城市群中心城市的人口向周边中小城市或其他城市群进一步流动的态势不断显现。核心城市的人口已达到相对饱和状态，人口增长显著放缓甚至停止增长，但城市群人口仍持续增长。其主要原因是，在城市化率达到70%时，城市群核心城市的人口已经相对饱和，集聚速度放缓，生活成本渐高，人口、投资流入核心城市的意愿相对降低，城市群中特大型、大型城市的毗邻区迎来更多发展机遇。交通基础设施进一步完善，毗邻地区与核心城市的流通成本、资金成本下降，加上税收等方面的政策优惠，毗邻地区的竞争优势凸显，城市群内其他城市得以加快发展。如1970～1990年的美国西海岸地区，人口占全国人口的比重不断提升，但核心区域和城市（如洛杉矶、旧金山等）占城市群人口的比重逐步下降，周边地区如河岸（Riverside，毗邻洛杉矶）、圣何塞（San Jose，毗邻旧金山）快速发展，人口占城市群和全国人口的比重持续提高。

3. 成熟阶段（城市化率超过75%）

当一国的服务业增加值占比与服务业就业在全社会就业的占比基本一致时，城市群的发展进入成熟阶段，此时城市化率一般超过75%。城市群经济结构继续以服务业为主，高附加值服务业和高科技产业成为城市发展的主导动力。在城市群内部，人口在不同产业的就业比例以及各类产业增加值占比基本稳定。具体而言，城市群内多个城市的要素集聚程度均提高，城市群总体收入已达到较高水平。由于城市化率已达到非常高的水平，城市群继续保持人口净流入、吸引投资持续增长的潜力下降，城市群进入相对平稳的发展阶段。

这一阶段，城市群基础设施已较为完善，经济结构与产业结构基本稳定，同一城市群内的人口流动主要发生在产业内部，城市群之间的人口随着产业迁移而流动成为常态。不同城市群之间存在就业结构更迭、人口相互流动的情况。

2000 年以来，多数国家大都市区外围地区的人口增长明显快于核心区，规模越大的大都市区外围地区的人口增长就越快。以 OECD 成员国为例，2000～2015 年通勤区的人口增长比核心区高 60%，韩国、美国、智利等国家的大都市区通勤区人口增幅超过城市核心区的两倍（孙志燕，2019）。

（三）国际大型城市群类型界定

从国际经验看，金融、科技等高端要素的集聚并带动产业持续优化是城市群发展的关键。城市群的发展也不是一成不变的，创新驱动、产业优化，则城市群兴；因循守旧、产业停滞，则城市群衰。根据城市群发展进程中创新等高端要素的集聚能力和产业持续优化能力的不同，可将其分为以下三大类别。

1. 创新等高端要素高度集聚型城市群

创新等高端要素高度集聚型城市群能够持续保持对人口与产业的集聚能力，顺利完成起步、成形、成熟三个阶段的转换，并且在进入成熟阶段后仍然能够通过持续的创新，保持对产业与人口的吸引力。创新等高端要素高度集聚型城市群通常同时具备三方面特征。

一是教育、科研和金融等高端要素的高度集聚。进入城市群起步阶段后，随着主导产业的变化，教育、科研机构在支持城市转型方面的作用日益突出。原有的主导产业衰退后，城市的复兴与再发展需要培育和发展新的产业，新的产业需要新的技术和掌握新技术的劳动力以及金融资源的支持，这些都对教育、金融和创新体系的发展提出新要求。在城市的经济结构从制造业向服务业转型过程中，教育科研体系与产业创新体系的结合日益紧密。教育和创新要素高度集聚，可以为城市群产业发展提供持续的支撑，使其顺利实现转型升级。比如，东京城市群集聚了日本 1/3 的大学，注重科技人才的培养以及技术研发企业、研究所、大学之间的科研合作，有力推动了东京城市群的产业转型升级。

二是持续优化升级的产业结构与城市群内的合理产业分工。在城市化率达到 50% 时，城市群开始起步，中心城市的产业结构开始转向以服务业为主导。如果能够实现顺利转型，现代服务业的发展则会吸引大量人口进入城市群，中心城市与周边的中小城市均能获得长足发展。例如，日本于 1955 年城市化率达到 50%，消费革命推动第三产业迅猛发展，出现了长达 18 年的高速增长，东京城市群也迅速发展成为世界级城市群。

三是功能完备的基础设施。基础设施具有基础性和准公共物品性质，既是保障城市人口生活的基本条件，也是城市群发挥集聚效应的关键。在城市化推进过程中，人口向城市群特别是中心城市快速集聚，基础设施能否及时跟进，直接影响到城市群能否持续发展。

2. 产业稳定发展型城市群

与创新等高端要素高度集聚型城市群相比，产业稳定发展型城市群通常能比较顺畅地实现产业结构的优化升级，或者能够承接创新要素高度集聚型城市群的产业转移。但由于产业稳定发展型城市的教育、金融、创新等高端要素集聚程度不高，导致其高端产业的发展水平低于高端要素集聚型城市群。产业稳定发展型城市群通常具有较好的自然、地理条件，随着城市化进程中民众生活水平的提高，这类城市群生活成本适中、自然地理环境较好、适于居住的特征会吸引人口的持续流入。

3. 产业停滞衰退型城市群

产业停滞衰退型城市群的突出特征是产业结构变迁缓慢甚至停滞，产业难以对城市群的发展形成有效支撑，城市群人口增长停滞甚至显著减少。例如，美国五大湖城市群曾经有过辉煌的过去，是世界著名的“汽车之都”“钢铁之都”，但在经济结构转型过程中，由于传统工业的衰落且新兴产业发展滞后，五大湖城市群也出现了衰落。

（四）城市群的动态演变

城市群的发展与形成，并非一成不变，而是始终处于动态的演进过程中。受科技革命的冲击和经济结构调整的影响，有的城市群会错失结构调整机遇而衰退，有的城市群则会不断发展壮大。现代意义上的城市化发端于技术革命，每一次技术革命都推动了生产方式的根本性变革，推动了一批新兴产业的发展。特定区域的初始禀赋条件是否能够孕育出新的技术创新与变革，决定了这些区域产业发展的吸引力，并进而影响其城市化进程以及城市群的发展。城市群起步、成形乃至成熟的进程中都会面临新的技术革命和产业升级的机遇与挑战，是否能够及时抓住机遇、有效应对挑战，决定了城市群下一步的走向。

从历史视角来看，以机器生产为代表的第一次技术革命，使人类进入“蒸汽时代”，孕育这一技术革命的英国，其城市化得以迅速推进：城市数量与规模迅速扩大，城市化率在1850年左右即达到50%，以伦敦为中心，包含曼彻斯特、伯明翰、利物浦等城市在内的伦敦城市群开始起步；到了20世纪60年代，随着汽车普及与居民对高质量生活的追求，大城市人口向郊区和周边小城镇迁移，加上政府将部分机构迁往小城镇，到20世纪70年代，伦敦城市群基本成形。但由于随后的两次技术革命都发生在英国之外，伦敦城市群的部分城市未能抓住产业变革机遇，经济增长乏力，甚至陷入了衰退与萎缩，如利物浦城市人口在1931~2008年减少了49%。

20世纪50年代以来，以信息技术为代表的第三次技术革命兴起，美国的制造业加速向发展中国家转移，顺利承接产业转移的日本实现了追赶型城市化，东京城市群迅速兴起；而美国的五大湖城市群因制造业外迁而陷入衰退，底特律、克利夫兰等因就业机会减少及居住环境恶化，人口迅速减少，部分城市的人口规模甚至减少了50%以上。

总体来看，每一轮技术革命与产业变迁，都会带来城市群之间的兴衰更替，能够孕育新的产业或者顺利承接转移产业的城市群往往能实现进一步发展，无法孕育新的产业或者在产业竞争中失去比较优势的城市群则陷入萎缩乃至衰退。

三、国际大型城市群住房体系发展特征和启示

进入城市群起步阶段后，不同城市或不同城市群之间住房市场发展的差异性开始显现，并会持续到城市群进入成熟阶段。总结美国和日本等国大型城市群住房体系的演变历程，厘清城市群在不同发展阶段和不同类型下住房供需的变化、住房发展面临的核心问题以及住房政策的演变，对客观认识中国大型城市群住房发展情况，适时调整政策取向，完善相关政策，促进城市群和住房市场协调发展，具有重要意义。

（一）起步阶段的主要特征和政策重点

1. 城市群特别是核心城市住房需求持续较快增长

城市群人口快速增长，带动住房需求持续较快增长。在城市群起步阶段，虽然城市间产业分工已有所体现，但城市化率仍处于持续较快提升的阶段，农村人口继续大量涌入城市，城市群内各城市人口快速增长，由此带动城市群整体住房需求持续较快增长。以美国为例，1940～1970 年，其主要城市人口大幅增长（见图 4），十大都市区（MSA）占全国人口的比重从 22.6% 提升到了 26.7%（十大都市区以 2010 年的人口数量确定），之后增速放缓（见图 5）。

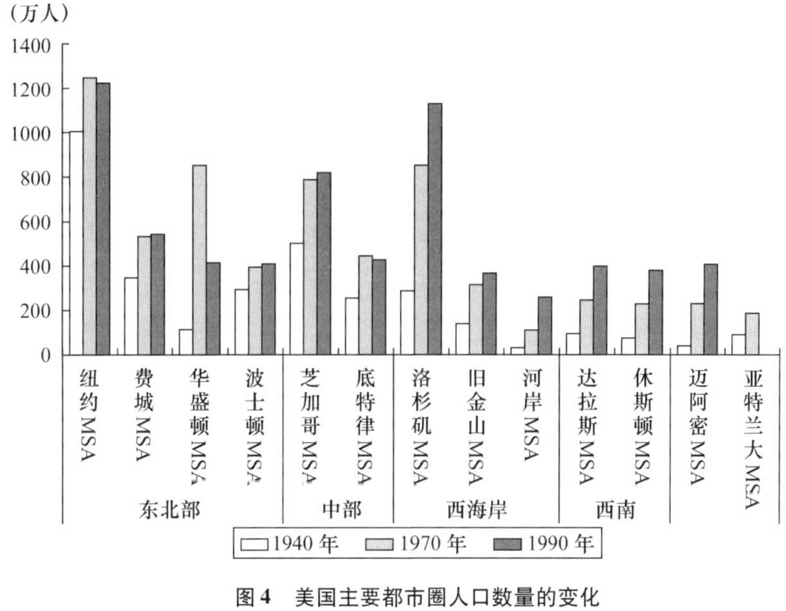

图 4　美国主要都市圈人口数量的变化

资料来源：美国普查局。

不同类型的城市群之间人口流动趋势不同，造成住房需求差异。进入起步阶段后，受产业结构转型升级影响，不同城市群的发展差异加大，发展水平差距增大，人口流动趋势的差异也更加明显。产业停滞衰退型城市群，人口增长缓慢，甚至可能出现负增长。高端要素集

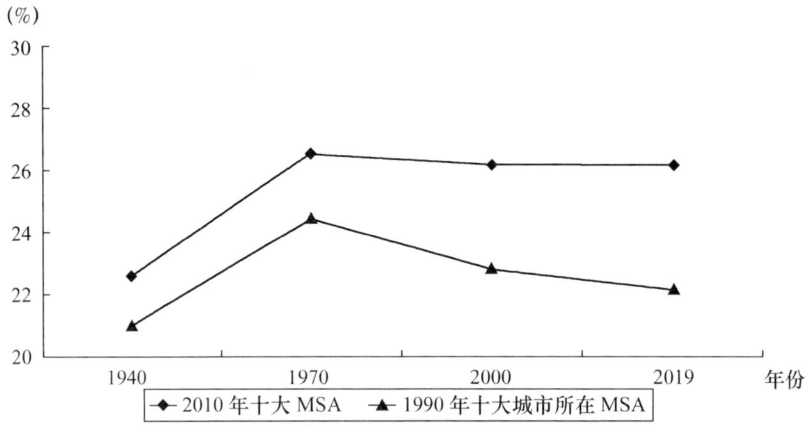

图 5 美国主要都市区占全国人口比重

资料来源：美国普查局。占比由课题组计算。

聚的城市群，收入水平提升快，吸引人口持续较快流入。产业稳定发展型城市群，人口流入也保持一定的增速。由于人口流动趋势不同，住房需求的差异也较为明显，高端要素集聚型城市群的住房需求更为旺盛。

核心城市的住房需求增长相对更快。在起步阶段，大多数城市群的核心城市就业机会更多，收入水平较高，是人口流入的首要选择。核心城市就业结构向以服务业为主转型，服务业中许多行业的就业人员的工作性质对地理位置和服务时间高度敏感，需要依托核心城市生存。在以上因素的共同作用下，此阶段核心城市住房需求高速增长。以美国为例，在起步阶段，核心城市人口增量占城市群人口增量的比重较高，如纽约都市区人口在 1940 ~ 1970 年增加了 522.6 万，占东北部城市群主要都市区人口增量的 47.3%（见图 6）。

主要城市中心区域的住房需求增长更快。在从起步阶段向成形阶段迈进过程中，人口增长不仅集中于核心城市，也相对集中于各主要城市（包括核心城市在内）的中心区域。以美国为例，在起步阶段，典型大都市区的增量人口中，超过60%进入中心区域（见图7），在之后的阶段，中心区域增量占比普遍下降。

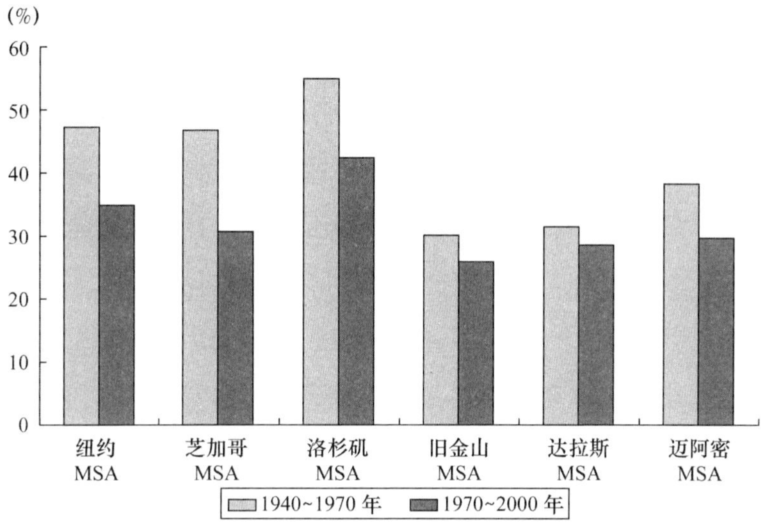

图6　美国核心城市人口增量占城市群增量比重

注：核心城市人口增量占比＝核心城市人口增量/所在城市群主要城市总增量。

资料来源：美国普查局。占比由课题组计算。

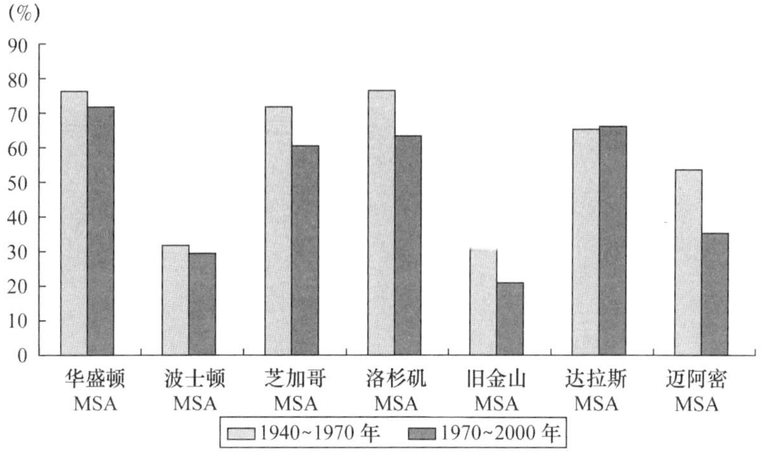

图7　美国核心城市人口增量占都市圈增量比重

注：①核心城市人口增量占比＝核心城市人口增量/所在都市圈人口增量；②核心区域选择主城区所在的县（County）。

资料来源：美国普查局。占比由课题组计算。

2. 城市群住房供给增长较快，但核心城市土地稀缺性日益凸显

城市群新建住房持续快速增长，满足居民基本的住房需求。在起步阶段，由于住房总体新增需求大，存量住房相对不足，且城市用于住房供应的土地相对充足，各城市群新建住房数量持续保持高位。以美国为例，1940～1950年，各城市群存量住房高速增长，增幅普遍高于城市群发展的下一阶段（见图8）。

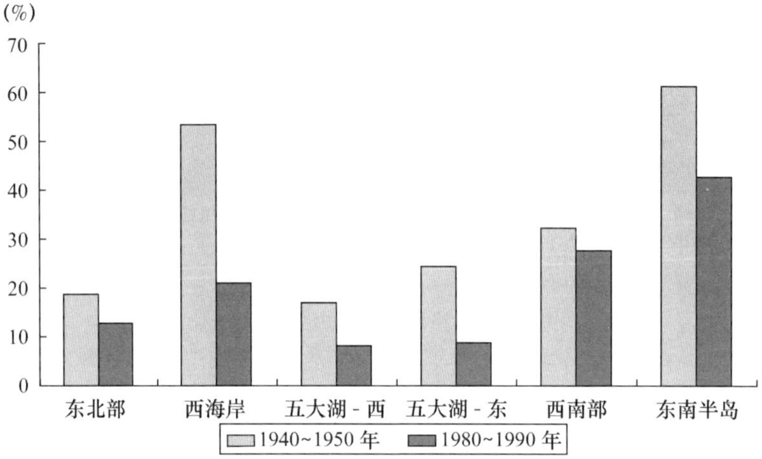

图8　美国城市群不同时期存量住房增长率

资料来源：美国普查局。增长率由课题组计算。

整体居住品质有所提升，新建住房配套设施水平提高。随着房屋建造技术水平的提升，新建住房的设施完备度和管道化程度提升，自来水、燃气等资源接入比率提升，浴室、抽水马桶等设备装置率增加，为居民提供了更加优质的住房选择。

核心城市土地稀缺性日益凸显。在起步阶段，城市群核心城市、核心圈层是人口流入的集中区域，但由于城市开发早，城市化水平高，加之土地、规划等方面的约束日趋严格，核心城市土地供给不足的问题逐渐凸显，这在高端资源集聚型城市群的核心城市表现得尤为突出。

3. 城市群起步阶段的住房政策重点

增加住房供应是政策的主要关注点。城市群进入起步阶段后，由于城市人口仍持续快速增加，新增住房需求大，政策的首要目标仍然是增加住房供应，满足新增需求。在发展过程中，各国政府通过实施财税、金融、土地等方面的优惠政策，如向个人和住房建设公司提供低息贷款、地价优惠和税收优惠，提升居民购置能力，鼓励企业、机构以灵活形式参与到住房建设中。

重视面向中低收入居民的公共住房建设。由于人口持续大量涌入城市，低收入居民住房困难问题比较突出。在这一阶段，各国和各城市政府均比较重视公共住房建设。“二战”后到20世纪70年代初是发达国家进行公共住房建设的黄金时期。1946～1979年，英国共修建了约510万套公共住房并以低租金向社会出租，基本解决了住房短缺以及低收入群体的住房问题。公共住房建设对满足当时低收入人群的住房需求起到了积极作用，但从较长时期来看，公共住房建设过多也造成后续维护负担过重以及低收入人群聚居等社会问题。

积极推进城市更新，盘活利用存量土地资源。城市群进入起步阶段后，经济结构调整带来的原有产业衰退导致需要重新利用土地资源，美国等发达国家从20世纪60年代开始相继出台了城市更新方面的政策，城市群内部的核心城市也率先开始更新。

（二）成形阶段的主要特征和政策重点

1. 住房需求的多样性凸显

对居住品质的要求不断提高。随着城市群内各城市的发展，前期住房建设使得户均住房达到1套以上，人均住房面积、住房品质也快速提升，住房自有率达到约60%。同时，随着城市群整体平均收入水平的提升，不断提升居住品质成为越来越多居民的期待。

人口流动性加大，核心城市租赁需求逐步增加。随着城市群发展进入成形阶段，城市群内产业分工日益清晰，原有核心城市制造业等产业就业人口逐渐向周边城市转移，带动城市群内人口流动。同时，城市发展使得人们的就业机会和选择更多，就业人口在城市内工作变动的可能性加大。双重流动性的增加，使得住房租赁需求增加。此外，租赁也为居民根据自身就业与家庭情况的变化，更加灵活低成本地实现居住地点的转换、更好地提升生活品质提供了可能。

2. 核心城市住房支付能力不足、居住成本上升问题突出

核心城市中低收入居民住房支付能力不足的问题较为突出。一方面，城市群平均收入的提高会带动房价、租金的上涨，且由于核心城市、中心区域受土地供给的制约和投资投机性因素影响，房价涨幅会进一步加大，这在低利率时期尤为显著。以美国为例，1970～1990年东北部城市群、西海岸城市群中的核心城市（如纽约、波士顿、洛杉矶、旧金山）房价快速增长[①]，房价中位数达到全国平均水平的250%～350%（见图9），房价收入比也远超其他地区。另一方面，通勤等时间成本增加。新增供给住房集中在就业机会相对较少的外圈层和周边城市，居民到核心城市中心圈层就业需要花费大量通勤时间，导致用于生产、经营和消费的时间和精力减少。需要指出的是，核心城市房价水平更高，而家庭收入中位数水平低，导致核心城市、中心区域房价收入比高（见图10），更多家庭面临沉重的住房负担。根据美国住房与城市建设部1973年的一项调查，大型城市中，68%的低收

① 同期租金水平相对平稳。

入家庭租金占收入的比重超过1/4，贫困线以下家庭住房困难[①]发生率达到95%。

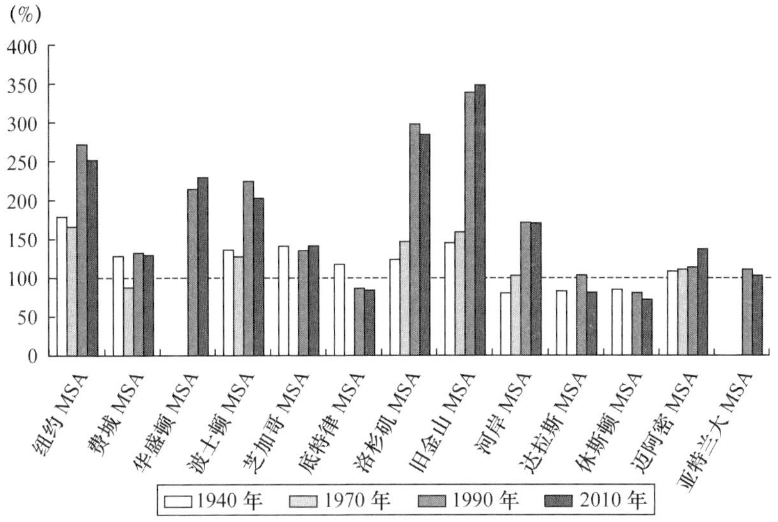

图9　美国城市群核心区域的房价与全国均值之比

注：①区域房价均值以房屋数量做权重进行计算；②为了使数据有更好的可比性，除美国休斯顿、河岸外，区域土地总面积限制在1500～4000平方千米，纽约、芝加哥、达拉斯三个地区选择都市地区（MD），其他地区选择大都市区（MSA）；③核心区域选择主城区所在的县（County）。

资料来源：美国普查局。区域房价和全国均值由课题组计算。

3. 不同城市群住房市场发展的差异性更加凸显

高端要素集聚的城市群，收入提升快，人口持续快速流入，而核心城市住房用地供应十分有限，城市更新速度无法跟上需求的增长，住房供求矛盾难以有效缓解，居住拥挤、居住负担重等问题更为明显。部分城市设置过多供给限制，加重住房供需矛盾，房屋交易、租赁价格过快上涨。如美国西海岸城市群，因为对旧房拆除改建设置了过高要求，导致核心城市老旧住房无法形成有效供给，房价、租金快速提升。

---

① 定义为住房设施不足，过度拥挤或租金占收入比例过高。

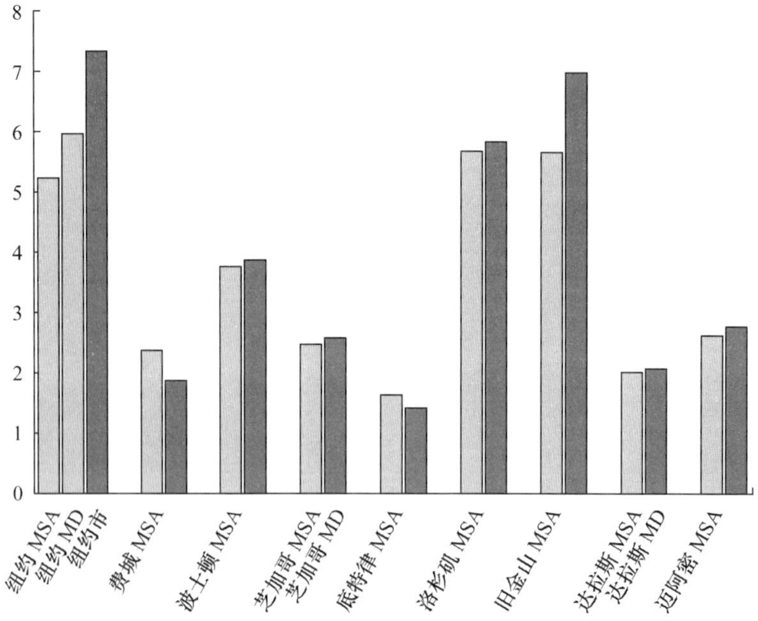

图 10　美国主要都市圈不同圈层房价收入比（1990 年）

注：①深色代表更大范围，浅色代表核心区域；②房价收入比 = 房屋中位数价值/家庭收入中位数；③区域房价均值以房屋数量做权重进行计算。

资料来源：美国普查局。房价收入比由课题组计算。

产业稳定发展型城市群，产业发展、人口流入和住房供给总体比较协调，部分城市虽然也存在因为高估人口流入，阶段性过度建设等问题，但总体而言，住房市场相对健康。

转型缓慢型城市群，由于原有的主导产业衰落，吸引力开始下降，人口增长缓慢甚至出现净流出，住房市场相对萧条。如美国五大湖城市群所在的中部地区，1970 年之后人口流入大幅减少，但新增住房相对新增人口仍处于较高水平（特别是 1980 ~ 1990 年，见图 11），这提高了城市整体债务水平，对城市群持续转型升级发展造成不利影响。

4. 住房供给以外圈层城市、周边城市和盘活存量为主

新建住房减少，新增供给以核心城市外圈层、周边城市为主。进入成形阶段，各城市群住房存量整体较多，在数量上已基本达到或超过户均1套房，住房新建速度放缓。如日本总体住房新增速度在1973年之后就开始大幅下降，1983年后显著放缓（见图12）。核心城市虽然住房需求较为旺盛，但受土地供应约束，新建住房供应量也显著减少。核心城市外圈层以及周边城市土地资源相对丰富，住房供给增长高于内圈层（见图13，日本；图14，美国）。核心城市老旧住房更新面临高建设成本、高制度成本的约束，进一步影响新增供给。随着城市群产业分工的调整，周边城市也出现较多人口流入，本地需求增加带动周边城市的房屋供给快速增长。

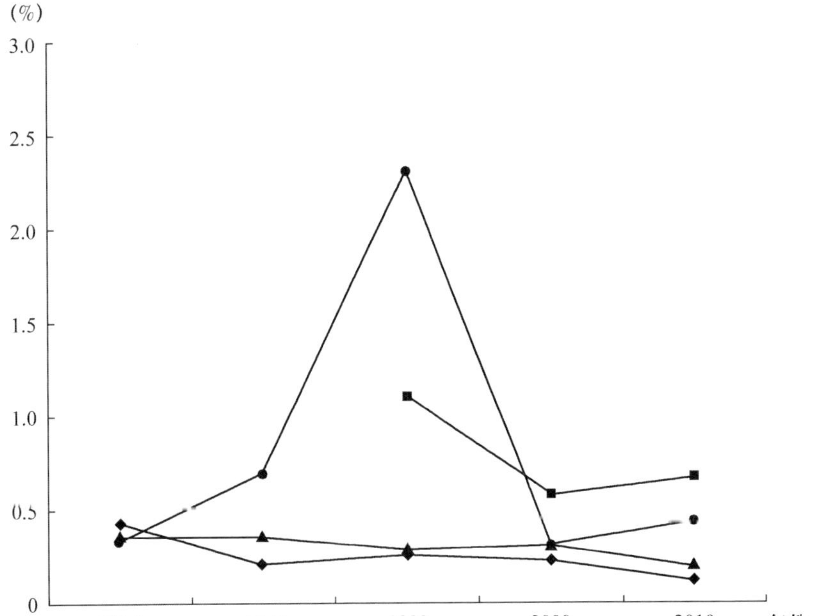

图11 美国不同区域新增住房和新增人口比

注：①新增住房以10年期累计新建许可数量衡量，以1970年数据为例，新建许可数量为1965～1974年的累计值，人口数量为1970年普查数据；②区域划分根据美国普查局四区域划分确定；③东北地区在1970～1980年人口增长极小，新增住房/新增人口比值极大（22.4），在图中略去。

资料来源：美国普查局。比值由课题组计算。

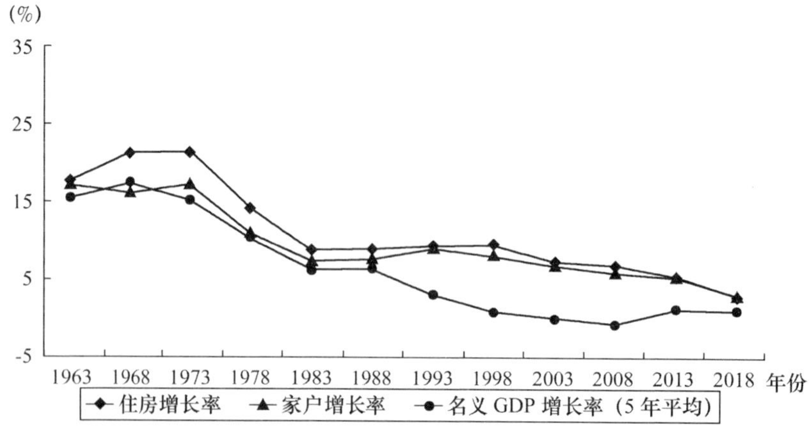

图 12　日本住房增长率的变化

资料来源：日本内阁府；《日本住宅・土地统计》；日本人口所。增长率由课题组计算。

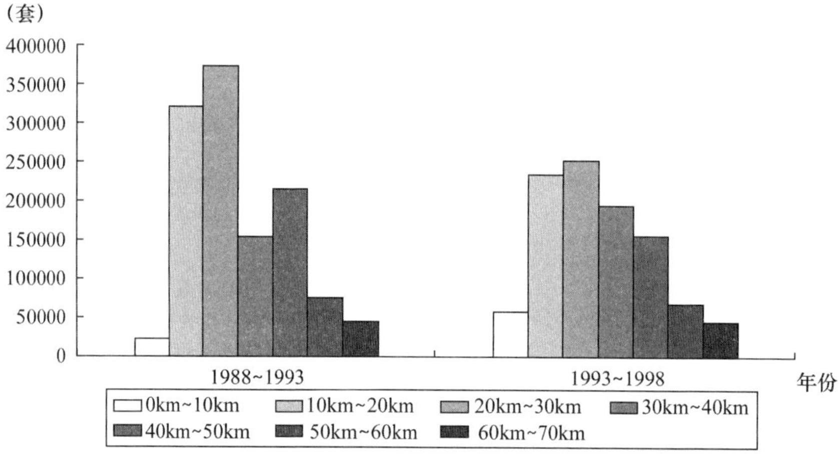

图 13　日本环东京分圈层住房增长

资料来源：《日本住宅・土地统计》。增长量由课题组计算。

存量房屋成为供给主力，租赁市场成为解决住房问题的重要渠道。当城市群进入成形阶段，存量住房多，地理位置优越，生活便利，是居民居住的主要选择。与此同时，城市群内人口流动大，有房人群也存在流动需要，需要通过更加灵活的方式转换居住地点，租赁供给与需求同步增加。

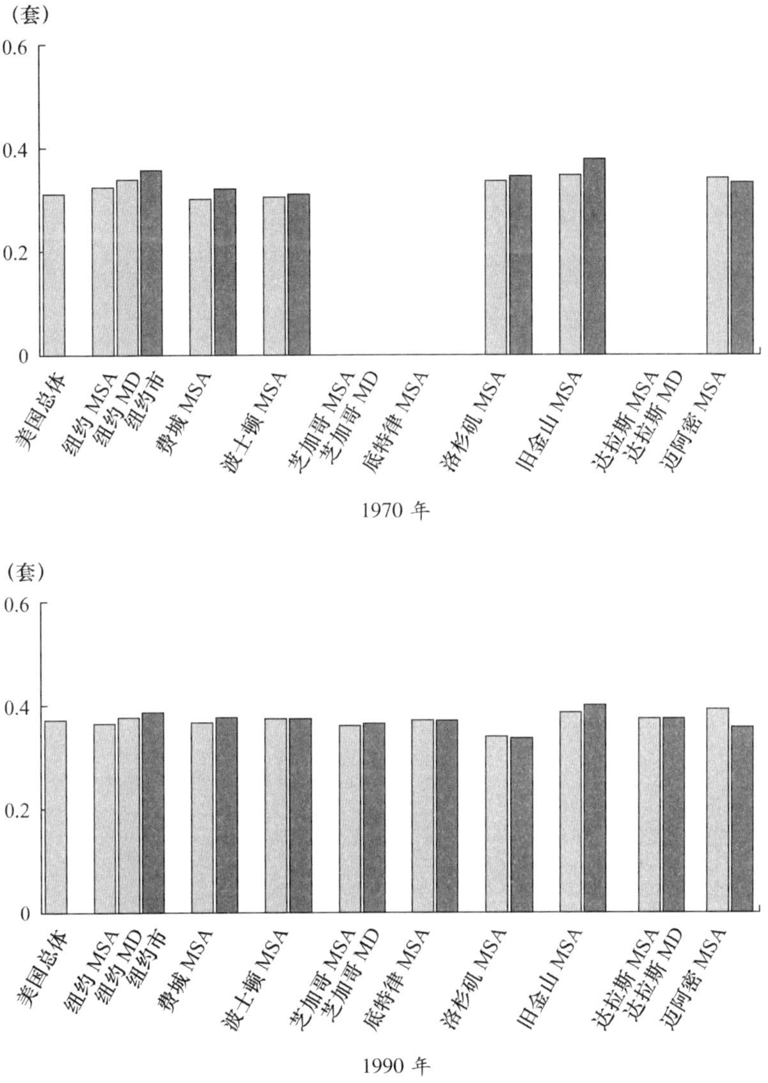

图 14　美国主要都市圈分圈层人均套数（1970～1990 年）

注：浅色代表更广范围的区域。

资料来源：美国普查局。人均套数由课题组计算。

5. 城市群成形阶段的住房政策重点

出台政策规范租赁市场秩序。租赁市场是居民根据工作和家庭需要，灵活调整居住地点，实现更好生活的重要手段；也是居民在收入水平尚不足以支持购房时实现住有所居的重要途径。随着城市群发展进入成形阶段，人口流动性加大，租赁需求增加，租赁市场的重要性进一步凸显，规范租赁市场的秩序成为重要的工作。为此，各国均出台了相关措施，保障租户和房东的基本权益。

普遍进行公共住房政策的转型。由于包括种族、犯罪、失业等社会问题集中发生在由政府兴建、低收入人群聚居的公共住房区域，社会各界开始日益关注低收入人群聚居所带来的社会问题。1973 年后，发达国家还面临经济放缓、财政负担加重等问题，各国政府在财政方面也无力再资助大规模的公共住房建设。为此，各国相继调整了公共住房政策，从政府出资大量建设公共住房转向鼓励自建住房、政府提供租金补贴等方式对低收入人群进行保障。

（三）成熟阶段的主要特征和政策重点

1. 对居住品质的多元化需求进一步提升

居民住房品质要求进一步提升。随着居民收入水平的普遍提高，可用于支付房租的收入增加，对居住环境和居住品质的要求也更高。但收入的层次也更加多样，为不同收入水平的家庭提供适宜住房的要求凸显。城市的持续健康发展依赖各方面人才的持续流入，合理的总体生活支出，是吸引居民留下扎根的重要因素。适宜的居住花销，是维持居民一定消费意愿的重要保证。大型城市的发展需要多行业、多工种的人员共同投入，因此需要更加丰富多元的住房供给，让居民在价格（租金）、位置、房屋大小、构造、设施等方面拥有选择余地。

2. 不同城市群住房市场的差异性仍然存在

住房市场的差异性仍然存在。城市群进入成熟阶段，不同类型城市群发展水平的差异仍然存在，并由此带来住房市场发展的差异。高端要素集聚型城市群的核心城市住房价格过高的问题始终存在，产业稳定发展型城市群经济、人口和住房发展总体比较协调，产业转型缓慢甚至衰退的城市群的问题主要在如何重振经济，其住房市场相对萧条。

部分核心城市住房支付能力下降的问题仍然突出。随着服务业占比居于主导地位，金融业、信息技术产业等现代服务业发达的核心城市集聚效应进一步增强，提供的高收入岗位增多。但核心城市经过多年发展，其可用空间极为有限，加之受规划等因素制约，新房供给长期不足，供不应求的情况较为突出，房价和租金价格涨幅明显超过当地居民平均收入涨幅。一些高端要素集聚型城市群的核心城市普通居民面临住房支付能力下降的问题。特别是在低利率时期，纽约、伦敦等国际化大都市的房价和租金涨幅显著高于其他城市。

3. 新增住房少，供给主要依靠存量房市场

新增供给数量少，有效供给下降。当城市群进入成熟阶段，土地约束更加明显，新增供给主要以拆除旧建筑的形式出现。特别是在核心城市的中心城区，早期住房多，设施不足、房屋老旧的比例高，房屋品质相对差，无法适应居民日益增长的居住需要。而房主维修可能面临各种施工约束，修缮动力不足。所以这一阶段的整体供给数量受到影响，进而导致其他可居住住房的价格提升。

存量房屋作为供给来源的重要性进一步提升，租赁市场在核心城市的重要性进一步凸显。当城市群进入成熟阶段，新建住房进一步减少，存量住房作为供给来源的重要性进一步提升。由于核心城市就业机会更多，吸引年轻人大量涌入，但高房价使年轻人在相当长的时间内只能通过租房解决居住问题。租赁市场对核心城市的重要性进一步凸显。

4. 城市群成熟阶段的住房政策重点

开始统筹考虑城市群住房问题。为解决核心城市居民住房支付压力大的问题，有的城市群已经开始将新增住房资源立足于城市群整体的住房需求统筹考虑。例如，2013 年，旧金山湾区政府协会（Association of Bay Area Government，ABAG）以及大都会区交通委员会（Metropolitan Transportation Commission）提出了《湾区规划——可持续发展策略》。旧金山湾区土地分配利用制度主要立足于加州 375 号法案以及基于对未来人口趋势进行的长期预测。旧金山湾区的新增住房分配政策主要基于以下 7 个因素：交通服务等级、每户家庭车辆行驶里程数、2040 年的就业预测、湾区外来务工的低收入工人数、房屋估值、地方规划预测及土地资源。

更加注意住房政策与金融政策的相互影响。1985 年以来，发达国家的城市群多次出现住房价格在短期内暴涨暴跌的问题。每一次住房价格大幅波动时，都可以观察到杠杆率和利率在短期内的较大变化。由于杠杆率过高，住房价格的大幅波动不仅影响到住房市场的稳定性，而且直接传导到金融市场，住房市场与金融市场的相互影响显著增强。

（四）启示与借鉴

1. 产业、人口和住房协调发展是实现城市群住房持续健康发展的关键

住房需求来源于居民，居民的流动与产业兴衰、就业机会的变化息息相关。观察国际上不同类型城市群产业、人口和住房市场的发展情况，可以发现，由于不同类型城市群的产业发展情况、人口增长情况和住房供求情况存在较大差异，不同类型城市群住房发展面临的主要问题也有很大不同。高端要素集聚型城市群，产业发展水平高，收入水平持续提升，人口持续大量流入，但核心城市土地空间有限，更新进程相对缓慢，住房供给不足，核心城市居民支付能力不足问题比

较突出。产业稳定发展型城市群，产业发展和人口增长同步，住房供给通过新建和更新等多种方式提升，产业、人口与住房发展相对协调，住房市场发展总体比较健康。转型缓慢型城市群，在产业结构调整出现不顺畅的情况下，人口增长缓慢甚至出现净流出，住房需求下降，住房市场相对萧条。从不同类型城市群的比较看，产业、人口和住房协调发展是实现城市群住房市场持续健康发展的关键。

2. 住房体系发展目标和政策体系需根据城市群发展阶段变化适时调整

城市群在发展过程中，人口流动的主线不断发生变化，从起步阶段的乡—城移动为主，到成形阶段的城市群内产业间移动为主，再发展到成熟阶段的产业内移动为主，城市间产业结构逐步调整优化。居民住房需求和住房供给空间也相应发生变化。产业调整速度、城市群发展快慢也会影响住房供求关系的变化。因此，需要把握城市群所处发展阶段，结合城市存量住房结构和供给能力，调整住房发展目标。

3. 核心城市住房问题长期存在，需要创新解决思路

核心城市住房需求在不同发展阶段均保持较高水平，而且随着城市的发展，核心城市较早面临土地紧约束，新增供给有限，居住成本快速上升。大型城市群中，特别是高端要素集聚型城市群的核心城市住房问题长期存在，住房自有率低，房价、租金水平显著高于其他城市。虽然各国、各地政府采取了财税、金融等多种手段试图缓解住房困境，但总体而言，核心城市房价偏高的问题并未得到根本解决。因此，解决核心城市住房问题，需要创新思路，不宜简单照搬国际上其他大都市采取过的政策措施。

4. 发展新阶段需要在城市群层面协调解决住房及相关问题

从国际经验来看，在城市群从起步阶段向成形阶段迈进的过程中，随着产业转移和交通基础设施的便利化，人口流动日益频繁，城市之间、中心区域与外圈层之间，其在居住、生活、工作上的联系紧密度不断提升。人口的流动带来住房需求的不断变化，特别是随着城市群的不断发展，核心城市在人口、产业、房地产市场上的外溢性显现，需要予以高度重视，并通过建立区域协同机制妥善解决相关问题。这一变化也对住房政策体系提出了新要求。从国际上典型城市群的发展情况看，受制于行政体制，住房政策的设计缺乏从城市群的视角出发进行系统考虑。面对城市群发展需要，应及早建立城市群内住房发展协调机制，引导城市群住房健康发展。

5. 满足差异化、多元化住房需求是大型城市群住房体系面临的重要挑战，需以更加系统的视角思考住房问题

城市群发展过程中居民的平均收入水平增加，但收入分布更加分散，老市民和新市民、高收入居民和低收入居民、有房家庭和无房家庭，在收入、资产水平、住房需求等方面均存在较大差异。一些家庭需求已迈向“住得好”，但以新市民为代表的另一些家庭在高房价下，需求仍停留在“有的住”。在居民禀赋和需求多元化的情况下，要实现居住品质和人民整体生活品质的提升，需要从社会保障、教育和医疗资源配给、交通建设等角度统筹考虑；同时还需要全面思考保障体系及形式在住房体系中的作用。在城市群发展过程中，核心城市低收入家庭多，而且持续流入，对保障体系带来考验，以实物保障为主的保障形式无法实现持续的住房品质提升，需以更加灵活的方式提供保障服务。

6. 住房租赁是适应城市群发展趋势、解决住房需求的重要渠道

随着城市群的发展，人口在城市内、城市间的流动日益频繁，转换居住地点的需求日益增加。租赁为居民因职业和家庭变化，调整居住场所、实现更高水平生活提供了选择。租赁同时也是部分居民应对核心城市高房价问题、解决好阶段性居住需求的重要途径。因此，在城市群发展过程中，需要更加重视完善租赁制度，重视对租户和房东的平等保护，鼓励以多种形式增加租赁供给，实现存量住房资源的合理配置。

四、中国大型城市群发展背景和所处阶段

改革开放以来，中国城市化水平以每年约一个百分点的速度快速提升。城市集聚人口的效应越发明显，百万人口以上的大城市数量持续增长。在城市化进程快速推进的同时，以城市群为主体、核心城市与周边城市协调发展的新型城市化格局正在加快形成。

（一）中国城市群发展背景

同国际上其他城市群的演进特征相似，中国城市群也是在城市化加速期、在产业结构调整过程中逐渐显现，并日益受到重视。

1. 城市化进程快速推进

改革开放前，由于人口就业压力巨大、大城市基础设施建设严重不足以及发展战略等方面的原因，城市化进程较缓慢。1949～1978年，中国城镇人口占总人口比重从10.64%增加到17.92%，平均每年提高不到0.3个百分点，城镇人口从5785万人增加到1.72亿人。改革开放40多年来，中国的城市化水平快速提升，成为中国乃至世界城市发展中的奇迹。1978～2020年，全国总人口增长约1.5倍，而城镇人口增长4.2倍；城镇人口占总人口比重由17.92%增加到63.89%，平均每年提高1.09个百分点，城镇人口总量达到9.02亿人。特别是2012年党的十八大提出“走中国特色新型城镇化道路”以来，中国在城市化进程中更加注重以人为本，重视农民工市民化。2020年末，常住人口城市化率比2011年提高了12.06个百分点，年均提高1.34个百分点（见图15）。

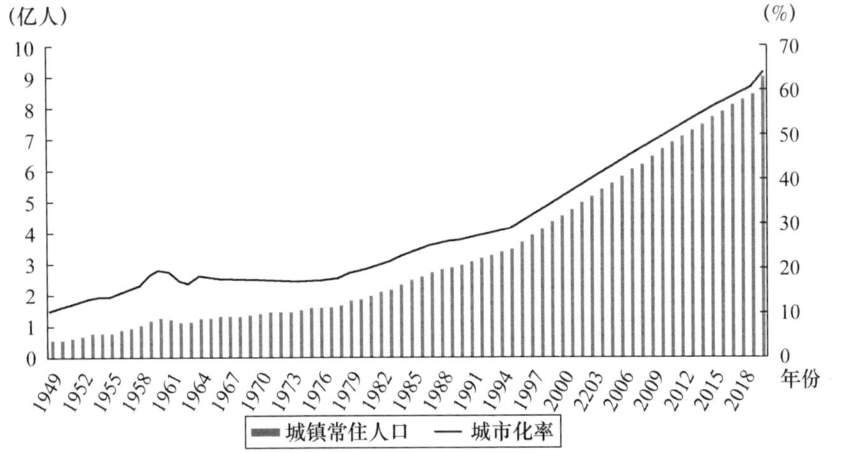

图 15 中国的城镇常住人口与城市化率

资料来源：国家统计局。

2. 城市数量和规模快速扩大

1949 年末，中国共有 132 个城市（地级以上城市 65 个，县级市 67 个）。2019 年末，城市数量达到 680 个（地级以上城市 293 个，县级市 387 个）。近 20 年来，中国城市的集聚程度不断加深，百万人口城市不断增多。2000～2020 年，中国市辖区年末总人口超过 100 万人的大城市从 90 个上升为 164 个。其中，400 万人口以上的超大城市从 8 个增长到 22 个，基本覆盖了 4 个直辖市和副省级城市；200 万～400 万人口的大城市从 12 个上升为 44 个，逐渐从二线城市深入到三线城市；100 万～200 万人口的城市从 70 个上升至 98 个，推动了有活力的三、四线城市进入大城市序列。100 万人口以下城市则明显减少，从 169 个下降至 135 个，减少约 20%。其中，50 万～100 万人口城市数量出现“先增后减”，最终从 103 个减少到 88 个，不少城市都升格为百万人口城市；而 20 万～50 万人口城市显著萎缩，数量从 66 个下降到 39 个，表明 50 万以下人口的城市在人口集聚方面吸引力变弱（见图 16）。

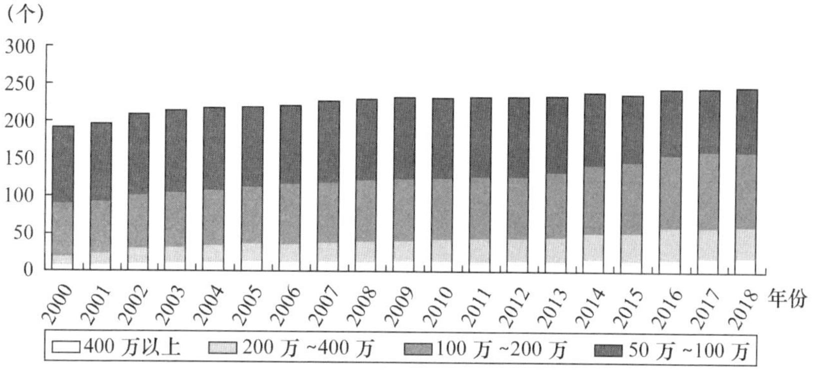

图16 中国不同规模地级城市数量（2000~2018年）

资料来源：国家统计局。

3. 以城市群为主体的新型城市化格局加快形成

在城市化进程快速推进的同时，以城市群为主体、核心城市与周边城市协调发展的新型城市化格局正在加快形成。《中华人民共和国国民经济和社会发展第十四个五年规划和2035年远景目标纲要》提出："以促进城市群发展为抓手，全面形成'两横三纵'城镇化战略格局。优化提升京津冀、长三角、珠三角、成渝、长江中游等城市群，发展壮大山东半岛、粤闽浙沿海、中原、关中平原、北部湾等城市群，培育发展哈长、辽中南、山西中部、黔中、滇中、呼包鄂榆、兰州—西宁、宁夏沿黄、天山北坡等城市群。"目前以城市群为主体的城市化格局不断优化，京津冀、长三角和珠三角三大城市群建设加快推进，中心城市和城市群的带动作用持续发挥，"19+2"①的城市群格局基本形成并稳步发展，各城市群发展规划陆续出台（见表5）。在城市群内部，作为城市群核心的都市圈不断优化提升，中心城市的辐射带动作用不断增强，核心城市与周边城市的分工合作逐渐深化。

① 即京津冀、长三角、珠三角、山东半岛、海峡西岸、哈长、辽中南、中原地区、长江中游、成渝地区、关中平原、北部湾、晋中、呼包鄂榆、黔中、滇中、兰州—西宁、宁夏沿黄和天山北坡19个城市群，还有以拉萨、喀什为中心的两个城市圈。

表 5　　国务院批复的 11 个跨区域协同发展规划

	城市群规划文件	批复时间
1	长江中游城市群发展规划	2015 年
2	京津冀协同发展规划纲要	2015 年
3	中原城市群发展规划	2016 年
4	哈长城市群发展规划	2016 年
5	成渝城市群发展规划	2016 年
6	长江三角洲城市群发展规划	2016 年
7	北部湾城市群发展规划	2017 年
8	关中平原城市群发展规划	2018 年
9	呼包鄂榆城市群发展规划	2018 年
10	兰州—西宁城市群发展规划	2018 年
11	粤港澳大湾区发展规划	2018 年

资料来源：作者整理。

（二）大型城市群选择标准和构成

从城市的经济发展和人口情况看，2000～2018 年，19 个城市群占中国 GDP 的比重从 86.5% 上升至 88.2%。截至 2018 年，京津冀、长三角、珠三角、成渝和长江中游五大城市群经济总量占全国的比例已超过一半，达到 54%。各城市群按经济体量可分为三个梯队：第一梯队的长三角城市群 GDP 总量最高，2018 年达 18.5 万亿元，占全国 GDP 总量的 20%，是排名第二的珠三角城市群的 2.1 倍；第二梯队的京津冀、珠三角、长江中游、成渝、中原、山东半岛、海峡西岸等七大城市群 GDP 均超过 5 万亿元；其余 11 个城市群构成第三梯队，GDP 总量明显低于 5 万亿元（见图 17）。产业结构方面，目前除中原、海峡西岸和宁夏沿黄城市群外，其他城市群的第三产业占比均超过了第二产业（见图 18）。人口方面，人口超过 7000 万人的城市群包括京津冀、长三角、珠三角、成渝、长江中游、中原和海峡西岸城市群（见图 19）。

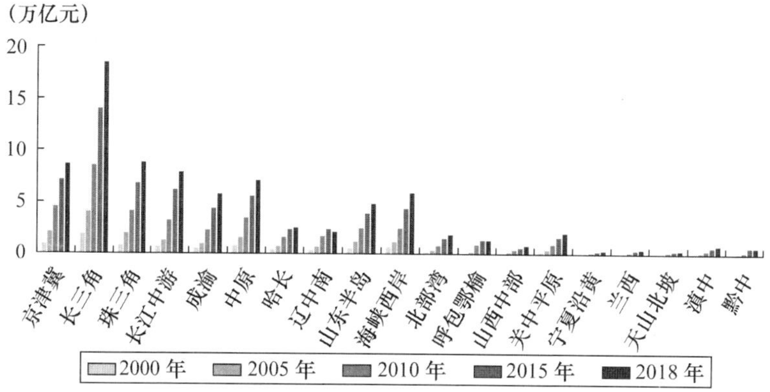

图17　19个城市群个别年份GDP

资料来源：各省市历年统计年鉴。

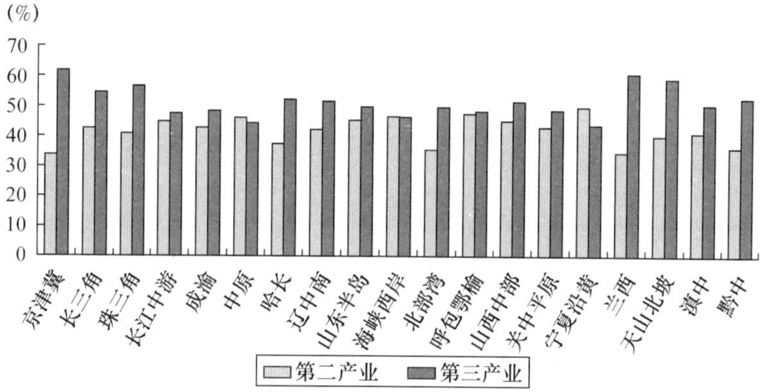

图18　19个城市群二、三产业增加值占GDP比重（2018年）

资料来源：各省市历年统计年鉴。

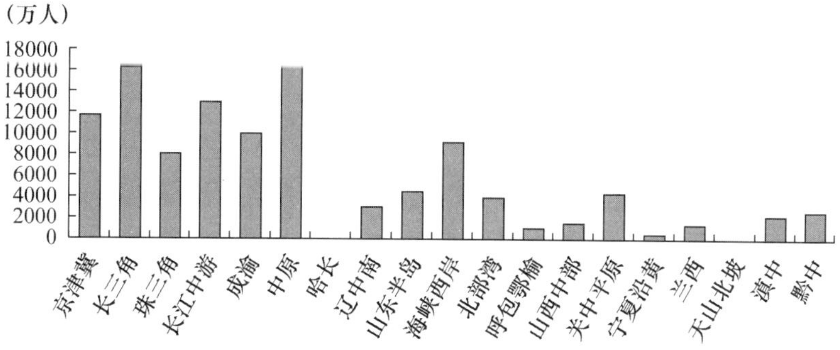

图19　19个城市群常住人口（2018年）

注：哈长和天山北坡城市群无公开的常住人口数据。

资料来源：各省市历年统计年鉴。

根据课题组对大型城市群的界定标准，本课题研究中的大型城市群包括以下7个：京津冀城市群、长三角城市群、珠三角城市群、长江中游城市群、成渝城市群、中原城市群、海峡西岸城市群。这七大城市群2018年的GDP总量均超过5万亿元，人口超过7000万。以上城市群中的核心城市如北京、上海、深圳、武汉、成都、郑州均为常住人口千万以上的超大城市，福州为人口达829万的特大城市。这些核心城市均与周边城市形成了紧密的产业分工，如上海和苏州、无锡、杭州，深圳和东莞、惠州等。

（三）中国大型城市群发展阶段和主要特征

1. 中国大型城市群城市化率普遍超过50%，进入了以服务业为主导的发展阶段

城市化率是判断城市群发展阶段的重要指标。截至2018年，七大城市群中城市化率超过70%的有2个，包括长三角和珠三角城市群；55%～70%的有4个，为京津冀、长江中游、成渝和海峡西岸城市群；50%～55%的有1个，为中原城市群。从核心城市看，北京、上海、深圳、武汉、厦门等的城市化率均已超过80%，成都和郑州也已超过70%（见图20）。

从经济发展和产业结构看，各城市群的第二产业增加值占GDP的比重均已过了峰值期，进入稳步下降阶段。其中，京津冀、长三角和珠三角城市群的第二产业占比在2004年后开始下降，其他如长江中游、成渝、海峡西岸等城市群也在2011年前后进入了服务业占比较快增长的发展阶段（见图21）。

进一步观察江苏和四川两省在2015～2018年三次产业的GDP占比和从业人员结构变化（见图22），可以发现江苏省产业结构和劳动力从第二产业向第三产业转移的速度已经较缓，而四川省仍然处于第二产业 GDP 占比快速下降、第三产业 GDP 占比快速上升的阶段。虽然成渝地区第二产业 GDP 占比下降、第三产业 GDP 占比上升，但是劳动力仍在向第二产业集聚，表明成渝城市群第二产业结构偏劳动密集型，也符合近年来产业转移的趋势。

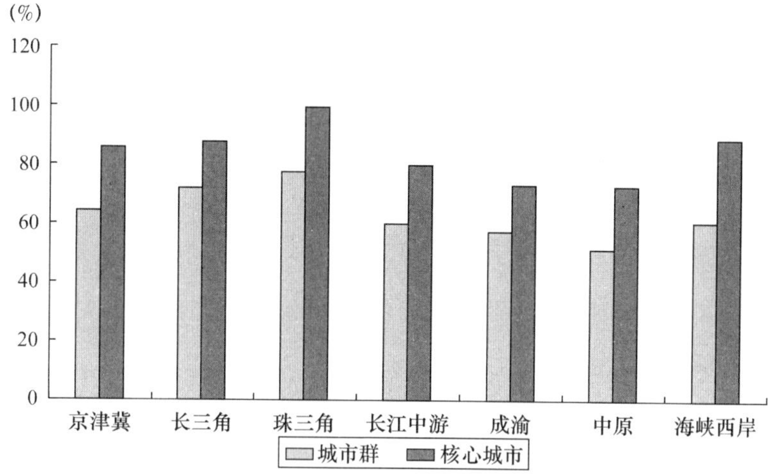

图 20　各大型城市群和核心城市常住人口城市化率（2018 年）

注：由于各城市群的核心城市人口差异较大，因此选择各城市群中的直辖市、省会城市和计划单列市作为该城市群的核心城市。

资料来源：各省市 2018 年统计年鉴。

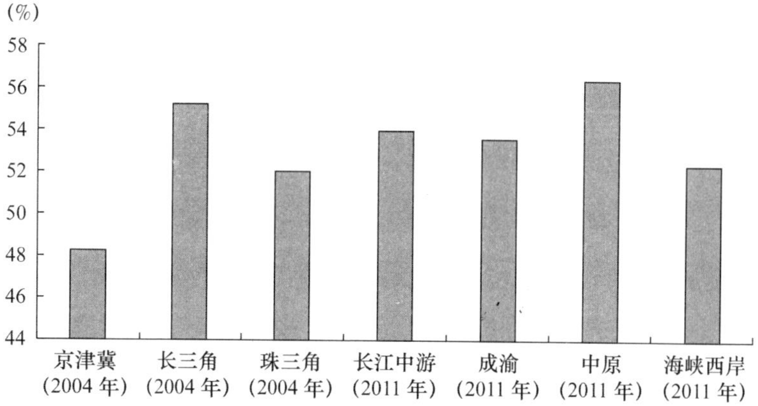

图 21　各大型城市群第二产业增加值占 GDP 的比重峰值和年份

资料来源：各省市统计局。

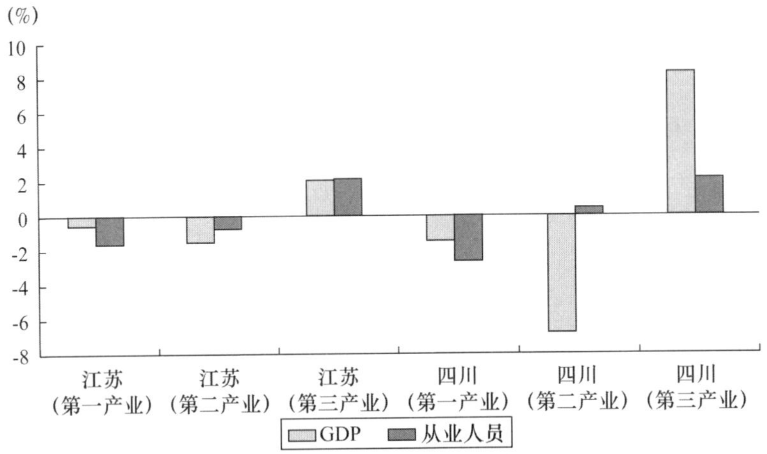

图 22　2015～2018 年江苏省和四川省分产业 GDP 比重和从业人员结构变迁

资料来源：江苏省、四川省历年统计年鉴。

2. 中国大型城市群仍处于从起步阶段向成形阶段迈进过程中，发展不平衡性较为突出

2011 年，中国城市化率达到 50%，城市化率增幅也达到每年 1.61 个百分点的历史峰值。2019 年，中国城市化率已达到 60%，城市化率增幅虽然有所下降，但仍保持在每年约 1 个百分点的高位。从产业结构和就业人员占比看，2019 年二、三产业增加值占 GDP 的比重分别为 38.59% 和 54.27%，远高于就业人员 27.5% 和 47.4% 的占比，农业释放劳动力还有相当大的空间，人口的空间分布格局尚未稳定。从基础设施条件看，城市群的交通条件仍在持续改进中，目前城市群内部联系的紧密度实际上主要集中在 1 小时都市圈的范围内。结合城市群发展不同阶段的特征，综合判断中国城市群整体上已进入起步阶段，正在向成形阶段迈进的过程中。

中国发展的不平衡性也突出表现在不同城市群发展的不平衡和城市群内部不同城市发展的不平衡。在大型城市群中，长三角和珠三角城市群的城市化率已超过 70%，京津冀城市群接近 65%，长江中游、成渝和中原城市群仍处在城市化率快速攀升、农村人口向城市集聚的过程中。

从城市群中的核心城市看，北京和上海各产业就业人数和产业增加值比例已大体相当（见表6），人口增速已明显放缓。深圳、广州等核心城市人口仍增长较快。成渝城市群、中原城市群的城市化率相对较低，人口还在持续增加，各种要素还在快速聚集，核心城市常住人口增幅高于城市群整体，核心城市在城市群中的经济地位愈发重要（见图23～图25）。

表6　北京、上海各产业增加值占比和就业占比（2019年）

城市	第一产业增加值	第二产业增加值	第三产业增加值
北京	0.32%	16.16%	83.52%
上海	0.27%	26.99%	72.74%
城市	第一产业就业人员	第二产业就业人员	第三产业就业人员
北京	3.33%	13.55%	83.12%
上海	2.96%	24.39%	72.64%

资料来源：北京市和上海市2019年统计年鉴。

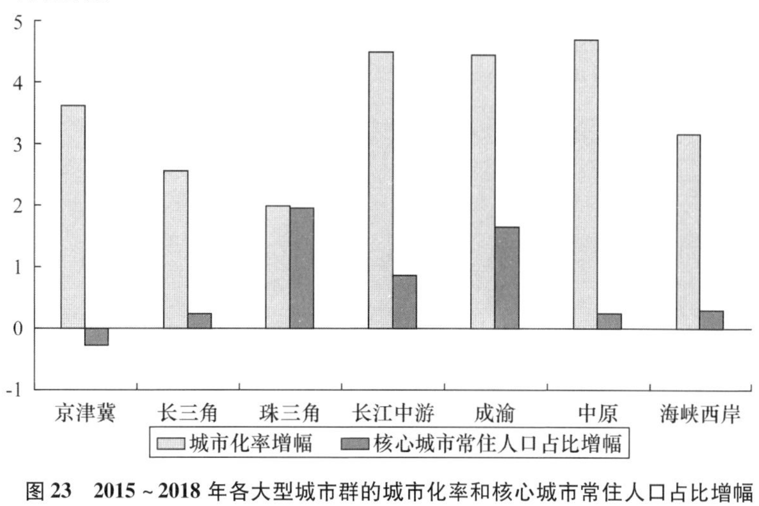

图23　2015～2018年各大型城市群的城市化率和核心城市常住人口占比增幅

资料来源：各省市历年统计年鉴。

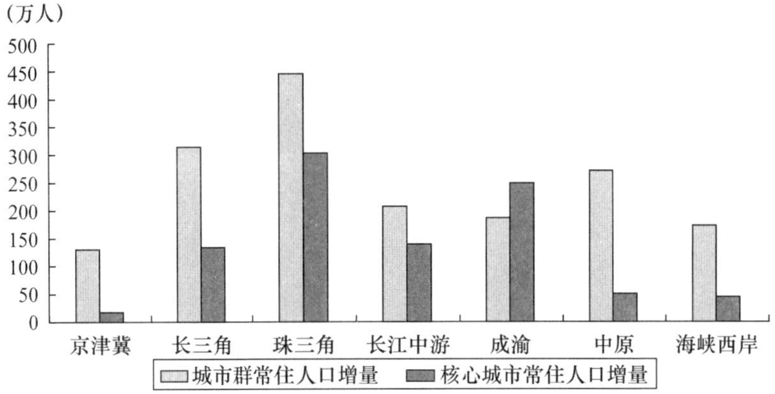

图 24　2015～2018 年各大型城市群和核心城市常住人口增量

资料来源：各省市历年统计年鉴。

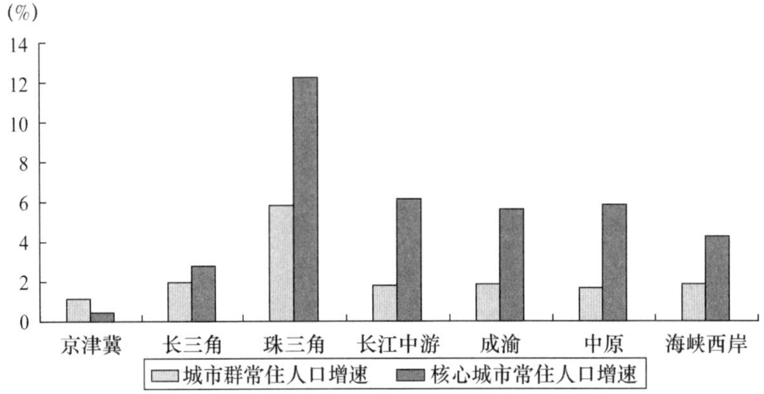

图 25　2015～2018 年各大型城市群和核心城市常住人口增速

资料来源：各省市历年统计年鉴。

3. 集聚高端要素和产业的能力不同导致大型城市群发展过程中存在较大差异

随着城市群从起步阶段向成形阶段迈进，各城市群由于不同的历史原因、资源禀赋和集聚要素能力的差异，在发展过程中表现出较大的差异性。按照课题组提出的城市群的分类标准，长三角、珠三角和京津冀城市群由于教育、科研、金融等高端要素高度集聚，具有典型的高端要素集聚型城市群的特征；长江中游、成渝、海峡西岸和中原城市群在经济结构调整过程中产业稳定发展，城市化率稳定攀升，具有明显的产业稳定发展型城市群特征。

经济和产业结构的转型调整、收入差距分化和由此带来的人口等要素流动差异是各大型城市群差异化发展的主要原因。综合已批复的各城市群发展规划相关文件可以看出（见表7），在产业发展思路上，长三角城市群和珠三角城市群强调创新体系建设、新产业培育和世界级产业集群建设，京津冀城市群强调产业转型升级和津冀产业承接，长江中游和成渝城市群强调承接产业转移和立足比较优势的区域性产业集群建设。

表7　5个大型城市群发展规划中交通和产业协同内容

城市群	产业协同
京津冀（2015年）	在推动产业升级转移方面，打造立足区域、服务全国、辐射全球的优势产业集聚区。重点是明确产业定位和方向，加快产业转型升级，推动产业转移对接，加强三省市产业发展规划衔接，制定京津冀产业指导目录，加快津冀承接平台建设，加强京津冀产业协作等
长三角（2016年）	共建内外聚合的开放型创新网络，建设以上海为中心、宁杭合为支点、其他城市为节点的网络化创新体系，构建协同创新格局，培育壮大创新主体，共建共享创业创新平台。推进创新产业链深度融合，强化主导产业链关键领域创新，依托优势创新链培育新兴产业
粤港澳大湾区（2018年）	深化供给侧结构性改革，着力培育发展新产业、新业态、新模式，支持传统产业改造升级，加快发展先进制造业和现代服务业，瞄准国际先进标准，提高产业发展水平，促进产业优势互补、紧密协作、联动发展，培育若干世界级产业集群
长江中游（2015年）	依托产业基础，发挥比较优势，强化分工协作，联合开展科技创新，加快产业转型升级，淘汰落后过剩产能，共同承接产业转移，不断提升产业和产品竞争力，打造一批有较强竞争力的优势产业基地，构建具有区域特色的现代产业体系
成渝（2016年）	发挥市场决定性作用，立足各地比较优势，促进产业分工协作，引导产业集群发展，积极发展新经济，建设共享平台，壮大现代产业体系，夯实城市群产业基础

资料来源：《京津冀协同发展规划纲要》《长江三角洲区域一体化发展规划纲要》《粤港澳大湾区发展规划纲要》《长江中游城市群发展规划》《成渝地区双城经济圈建设规划纲要》。

从 GDP 增速指标看，以每三年的经济同比增速计算，各城市群经济发展增速在 2006～2009 年最高，2012 年后普遍放缓。大型城市群中，京津冀和中原城市群 GDP 增速相对缓慢，长三角和海峡西岸城市群在 2015～2018 年经济增速出现回升，成渝和长江中游城市群则以较高的经济增速发挥着近十年来中国经济增长新引擎的作用（见图 26）。经济增长的成果反映在人均 GDP 上，可以看到长三角和珠三角城市群由于产业定位高、知识和创新密集、集聚高端要素的能力强，因此人均创造财富的能力也更强。第二产业增加值占比仍然较高、产业相对低端的中原城市群则人均 GDP 较低（见图 27）。

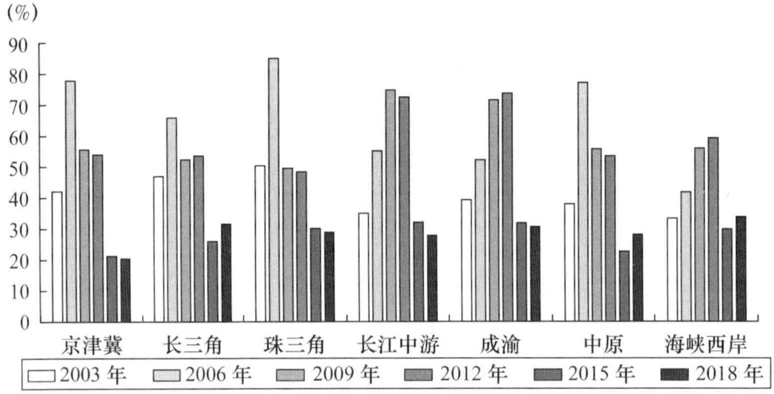

图 26　各大型城市群 GDP 每三年增长率

资料来源：各省市历年统计年鉴。

经济增长和人均 GDP 差距直接导致各城市群居民收入差距。对比各城市群城镇居民人均可支配收入可以看出，长三角城市群经济发达，2018 年加权城镇居民人均可支配收入达到 5.5 万元，是唯一一个年人均收入过 5 万元的城市群。京津冀和珠三角城市群加权城镇居民人均可支配收入均超过 4 万元。人均收入在 3.5 万元以上的城市群还有长江中游、成渝和海峡西岸城市群（见图 28）。从收入增幅看，2015～2018 年珠三角、长三角和京津冀城市群的人均可支配收入增速已经高于其他城市群。其中珠三角在2008年以来经过“双转移”战略的积极调整后，人均可支配收入增幅在2015～2018年已处于第一位（见图29）。

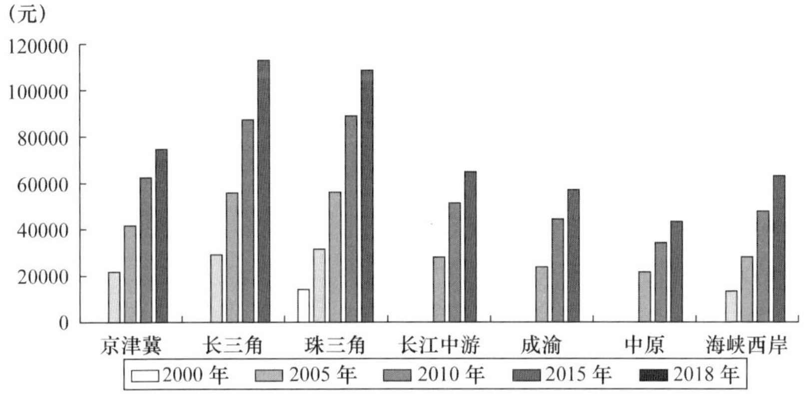

图27 各大型城市群个别年份的人均GDP

资料来源：各省市历年统计年鉴。

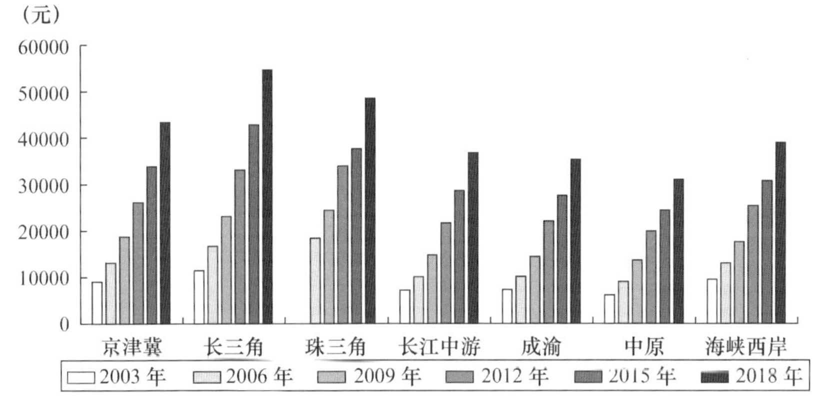

图28 各大型城市群个别年份城镇居民人均可支配收入（用2018年城镇常住人口加权计算）

注：珠三角城市群2003年数据缺失。

资料来源：各省市历年统计年鉴。

居民人均收入的差异是造成人口流动的最主要推动力。2006～2018年，增长最快的珠三角城市群人口增幅为28.0%，京津冀、长三角和中原城市群人口增幅在10%～20%；长江中游和海峡西岸城市群人口增幅在5%～8%。根据七大城市群各城市统计年鉴中的常住人口数据，按占全国人口比重计算，长三角城市群占全国人口比重增长幅度最大，为1.8个百分点；中原城市群次之，增长1.6个百分点；京津冀和珠三角城市群增长1.3个百分点；其他城市群增长幅度均在0.5个百分点以下。值得注意的是，随着经济快速发展和收入快速提升，成渝和长江中游城市群分别于2012年和2015年出现了人口回流趋势。

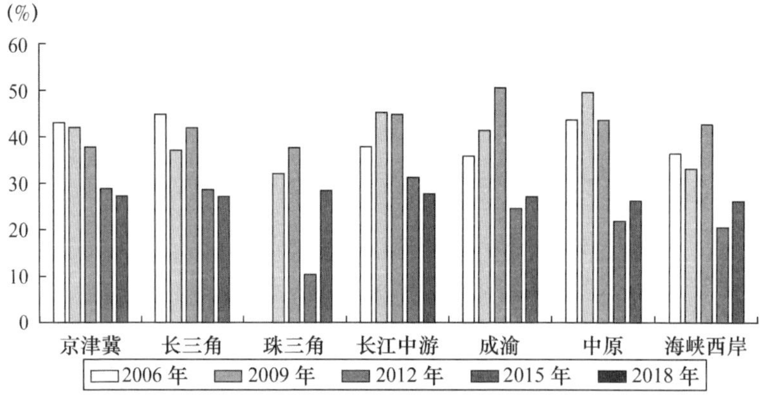

图29　各大型城市群个别年份城镇居民人均可支配收入增幅
（用2018年城镇常住人口加权计算）

注：珠三角城市群2006年数据缺失。

资料来源：各省市历年统计年鉴。

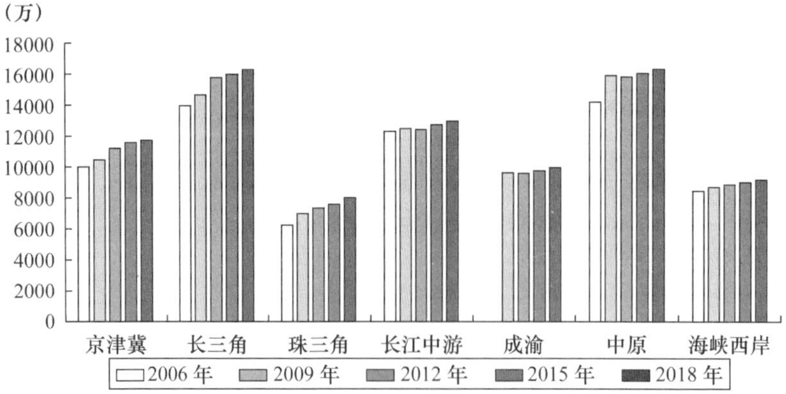

图30　各大型城市群个别年份常住人口

注：成渝城市群缺少2006年常住人口数据。

资料来源：各省市历年统计年鉴。

五、中国大型城市群住房发展情况和需要关注的主要问题

自1998年进一步深化城镇住房制度改革以来，房地产市场持续较快发展，人民居住条件显著改善。据测算，城镇人均住房建筑面积接近40平方米、户均住房已接近1.1套。综合判断，中国住房市场已开始从“供不应求、高速增长”转向“供求总体平衡，结构矛盾突出”。随着经济结构调整和交通条件的显著改善，人口在城市群内部和不同城市群之间的流动显著增强，由此带动住房需求出现一系列新变化。从城市群视角观察住房问题，可以发现各大型城市群在居住条件、房价收入比、租购行为和未来的供需关系等方面存在较大差异。

（一）中国住房体系发展历程

中国城镇住房发展主要经历了三个阶段：改革开放前，中国实行的是高度计划的福利分房政策；改革开放后，中国住房供给逐步向商品化、市场化方向发展；自1998年进一步深化城镇住房制度改革以来，住房市场快速发展，住房保障体系不断完善，租赁市场发展日益受到重视。

1. 高度计划的福利分房阶段（1949～1978年）

中华人民共和国成立后，中国实行实物分配和低租金住房政策，城镇住房建设由政府部门、事业单位、国企等单位承担，以实物形式分配给城镇居民，收取低廉租金，住房成为单位制下的重大福利。由于住房的福利属性和供给的计划性，供给缺少激励，导致住房资源匮

乏，“住房难”成为普遍现象。随着中国城市化进程的加快，城镇人口迅速增加，城镇住房改革迫在眉睫。

2. 商品化探索阶段（1978～1998年）

1978年，针对城镇居民住房的严重形势，中央提出了住房供给商品化探索的建议。1979年，原国家城市建设总局和国务院侨务办公室提出，鼓励华侨、归侨和侨眷用侨汇购买和建设住宅，产权和使用权归其所有，国家依法给予保护。1980年，国家正式提出实行住房商品化政策，并逐渐扩大公房出售试点，至1982年已在27个省份的120多个城市开展。1988年，全国住房制度改革第一次工作会议提出从改革公房低租金着手，从实物分配逐步过渡到货币分配，使住房作为商品进入消费市场，实现住房资金投入产出良性循环的房地产发展目标。

3. 市场化阶段（1998～2016年）

1998年7月，《国务院关于进一步深化城镇住房制度改革加快住房建设的通知》进一步确定了深化城镇住房制度改革的目标，即停止住房实物分配，逐步实行住房分配货币化；建立和完善以经济适用住房为主的多层次城镇住房供应体系；发展住房金融，培育和规范住房交易市场，促使住宅业成为新的经济增长点。从1998年下半年开始，国家停止住房实物分配，逐步实行住房分配货币化。自此，市场化成为住房的主要供给机制，住房供给迅速增加，房地产业成为拉动中国经济增长的重要力量。

4. 落实“房住不炒”，推行“租购并举”阶段（2016年至今）

随着经济发展、居民收入增长、货币政策的不断调整，房地产市场出现若干次较大波动，中央开始坚决调控房地产市场。2016年12月中央经济工作会议提出坚持“房子是用来住的、不是用来炒的”的定位；2017年12月中央经济工作会议提出“加快建立多主体供应、多渠道保障、租购并举的住房制度”；2018 年 12 月中央经济工作会议提出构建房地产市场健康发展长效机制；2021 年 4 月 30 日中共中央政治局召开会议，提出增加保障性租赁住房和共有产权住房供给。随着一系列重大决策的出台，中国住房体系进一步向着保障全体居民更高水平住有所居这一目标不断发展。

（二）中国大型城市群住房基本情况

1. 住房条件持续改善，但不同城市群居住水平差异较大

随着住房市场的持续快速发展，城镇居民的住房条件不断改善。改革开放前，全国 190 个城市人均住房面积仅 3.6 平方米，缺房户达 869 万，占城市总户数的 47.5%。2019 年，中国城镇人均住房面积达到 39.8 平方米，比 1949 年的 8.3 平方米增加了近 4.8 倍，比 1978 年 6.70 平方米增加了 33.1 平方米（见图 31）。

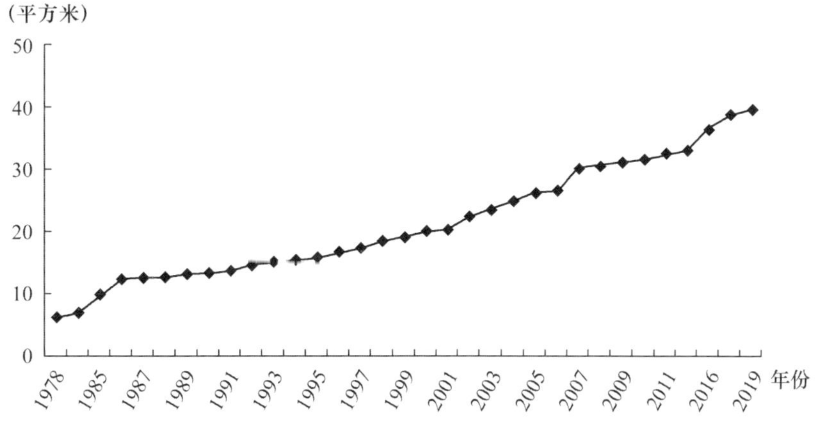

图 31　中国城镇人均住房面积变动情况（1978～2019 年）

资料来源：国家统计局。

在城镇居民居住条件总体持续改善的过程中，不同城市群居民住房水平仍存在较大差异。海峡西岸城市群城镇居民人均住房面积明显高于其他城市群，而珠三角和京津冀城市群的人均住房面积相对偏

小。2018 年福建省泉州市人均住房面积高达 70.5 平方米，其他城市也在 50 平方米以上，均显著高于全国平均水平。京津冀和珠三角城市群各城市城镇人均住房面积普遍低于 35 平方米，深圳仅有 21.8 平方米。同一城市群内部不同城市间居住水平的差异也比较明显，例如长三角城市群城镇人均居住面积为 42.8 平方米，其中江苏省泰州市达到 54.7 平方米，安徽省合肥市为 35.2 平方米（见图 32）。

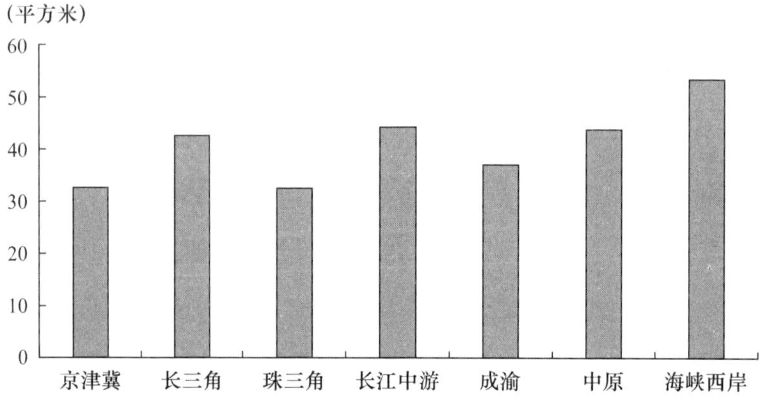

图 32　各大型城市群城镇居民人均住房面积（2018 年）

资料来源：各省市统计局。

2. 商品住宅成为城市群住房供应的主体，但不同城市群供应结构差异较大

自 1998 年进一步深化城镇住房制度改革以来，商品房成为住房供应的主渠道。但由于不同城市群历史条件的差异，存量住房的来源结构也存在一定差异。从 2005 ~ 2018 年各城市群累计销售商品住房面积占城镇居民住房总面积①的比例来看（见图 33），成渝城市群商品住房面积占存量房比例最高，接近 70%；京津冀、长三角和珠三角城市群接近 50%；其余城市群明显较低。根据部分城市或省统计局公布的城

① 城镇居民住房总面积 = 城镇居民人均住房建筑面积 × 城镇常住人口。

镇居民家庭住房来源数据，再对照所属城市群可以看出，长三角和长江中游城市群的部分城市有相当比例的居民居住在自建房中。从自有和租赁住房情况来看，各城市群城市租赁比例普遍较低，租赁公房和私房的居民合计占比一般不超过10%。

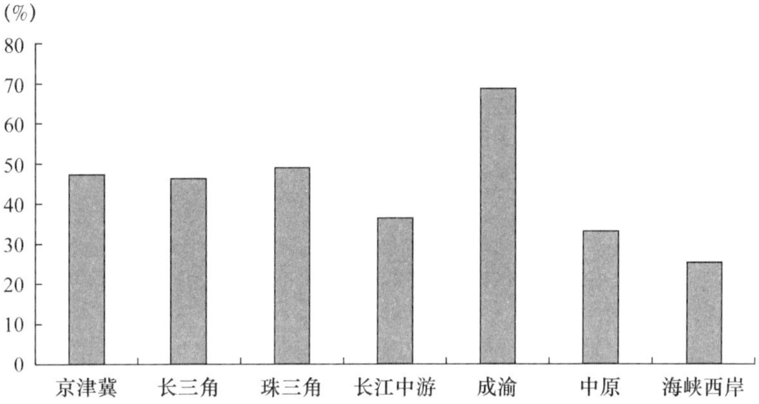

图33 各城市群2005～2018年累计销售商品住房面积占城镇居民住房面积比重

资料来源：各省市统计局。

从存量房的产权结构来看，商品房是五大城市群存量住房的主体，其套数占比在京津冀、长三角、长江中游、成渝城市群均达到85%以上（见图34）。京津冀城市群的公房和保障房套数比重略高于其他城市群。比较特别的是珠三角城市群，其农民自建房的套数占比高达61.0%，大量的“城中村”成为供应租赁住房的主体以满足不断增长的新市民人群的住房需求。

从房地产投资情况看，2018年，中国19个城市群房地产开发投资规模总计约9.5万亿元，占全国总规模的79.2%。在七大城市群中（见图35），长三角城市群投资量最大，为2.6万亿元，是珠三角城市群（1.3万亿元）的2倍。京津冀、长江中游、成渝、中原和海峡西岸城市群的房地产开发投资规模在0.5万亿～1万亿元。

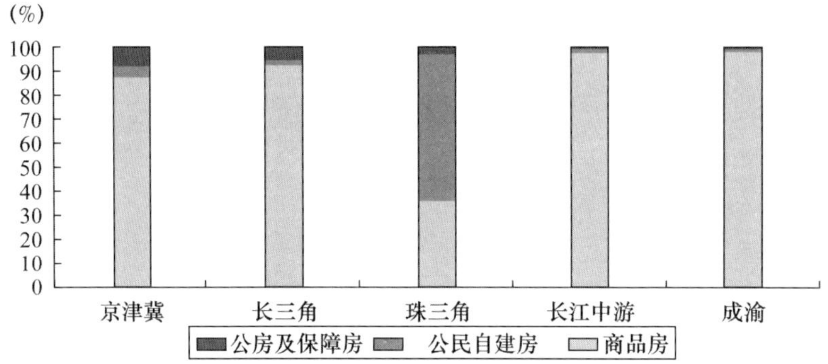

图 34　5 个大型城市群存量住房结构（2018 年）

资料来源：国信达数据；各省市统计局。

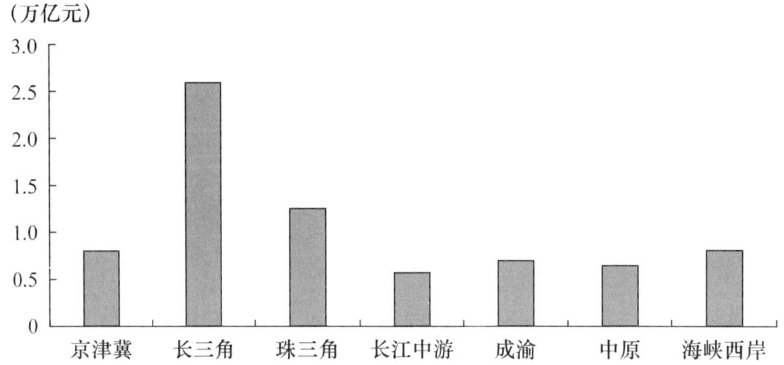

图 35　各大型城市群房地产开发投资规模（2018 年）

资料来源：各省市统计局。

2018 年，19 个城市群新建商品住宅销售量总计约 12.3 亿平方米，占全国总销售面积的 83.2%。在七大城市群中，长三角城市群销量最高，为 2.2 亿平方米；销售量在 1 亿平方米以上的城市群还有中原、成渝和长江中游城市群；京津冀、珠三角和海峡西岸城市群的销售量在 0.5 亿～1 亿平方米（见图 36）。

对比 2005～2018 年的累计销售量可以发现（见图 37），长三角城市群销量最高，约 22 亿平方米；京津冀、珠三角、长江中游、成渝和中原城市群，销量约 10 亿平方米；海峡西岸城市群销量在 5 亿平方米以上。各城市群商品住宅投资规模和销售量基本与其人口规模一致。

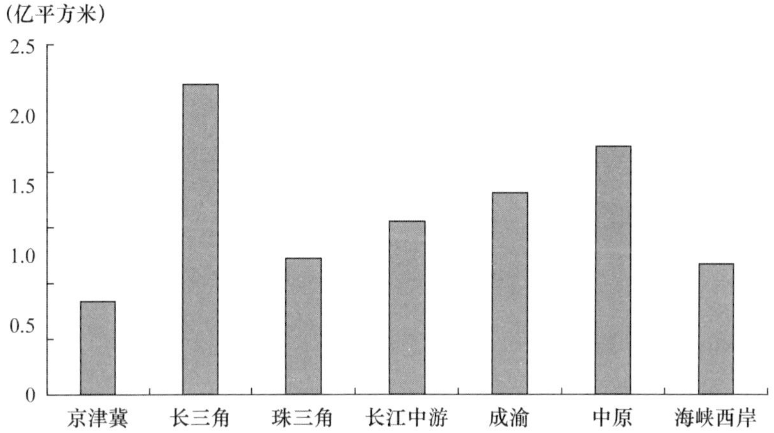

图 36 各大型城市群商品住宅销售面积（2018 年）

资料来源：各省市统计局。

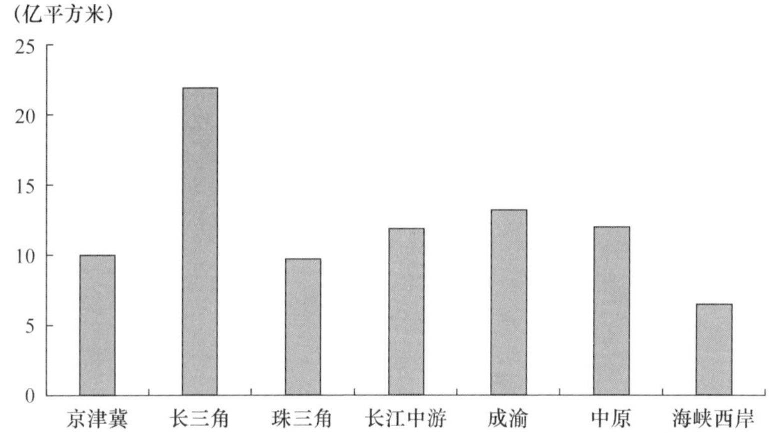

图 37 各大型城市群商品住宅累计销售面积（2005 ~ 2018 年）

资料来源：各省市历年统计年鉴。

3. 城市群间住房供需关系不同，销售价格和房价收入比差异大

对比 2018 年各城市群新建商品住宅销售价格发现（见图 38），珠三角、长三角和京津冀城市群销售均价最高，已超过 1 万元/平方米。海峡西岸城市群均价超过 8000 元/平方米。销量较大的长江中游、成渝城市群均价略高于 7000 元/平方米，而中原城市群低至 5500 元/平方米左右。

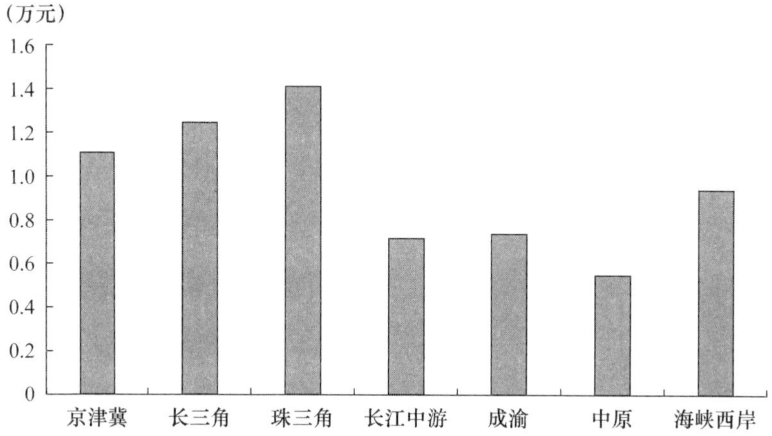

图 38　各大型城市群新建商品住宅销售均价（2018 年）

资料来源：各省市统计局。

房价收入比是判断城市群当前住房供需关系的重要指标。基于国家统计局数据，通过对各城市群组成城市城镇居民人均可支配收入按城镇常住人口进行加权计算，可得各城市群房价收入比①情况。研究发现，珠三角（9.7）、京津冀（8.5）和海峡西岸（8.0）城市群的房价收入比明显高于其他城市群（见图 39）。

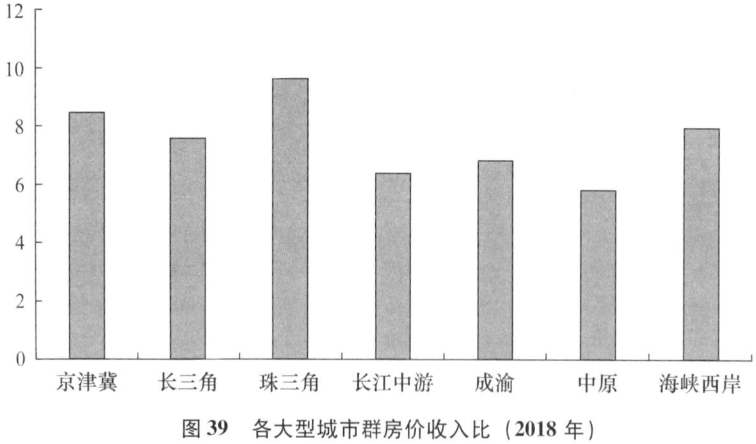

图 39　各大型城市群房价收入比（2018 年）

注：国内房价收入比通常指住房价格与家庭年收入之比。

资料来源：作者根据各省市统计局数据测算。

① 房价收入比 =（商品住宅均价 ×100）/（城镇居民人均可支配收入 × 户均人口）。

4. 人口流动带动住房需求出现新变化，但不同城市群差异较为明显

城市群进入起步阶段后，人口在城市群内部不同城市间以及在不同城市群之间的流动对住房需求产生较大影响。从购房者户籍[①]来源看，通过对贝壳找房2019～2020年七大城市群主要城市二手房购房数据（见图40和表8）的分析，珠三角城市群外地购房比例最高，达到73.6%；外地购房者主要来自长江中游城市群，其购房数量占比甚至超过珠三角城市群本身。京津冀和长三角城市群外地购房比例也较高，分别为36.0%和31.6%，购房者来自中原和长江中游城市群的较多。长江中游、成渝、中原和海峡西岸城市群以本地人群购房为主，占比均达80%以上。

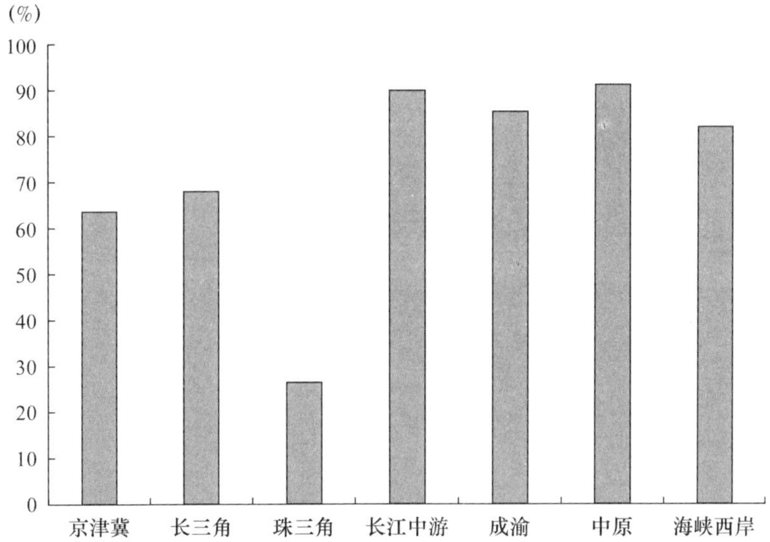

图40　各大型城市群本地户籍居民购房比例（2019～2020年）

资料来源：贝壳找房。

① 该数据也包括本地非户籍常住人口。

表8　各大型城市群外地购房居民主要户籍来源（2019～2020年）

城市群	第一	第二	第三
京津冀	中原（7.9%）	哈长（5.7%）	长江中游（4.7%）
长三角	中原（10.3%）	长江中游（7.4%）	海峡西岸（3.1%）
珠三角	长江中游（26.4%）	海峡西岸（15.6%）	中原（7.4%）
长江中游	中原（3.9%）	长三角（1.2%）	京津冀（0.9%）
成渝	长江中游（2.7%）	中原（2.6%）	关中平原（1.3%）
中原	京津冀（4.7%）	长江中游（0.8%）	关中平原（0.5%）
海峡西岸	长江中游（7.9%）	中原（2.3%）	长三角（1.6%）

资料来源：贝壳找房。课题组整理。

各城市群的租房人群户籍来源分布与购房情形基本一致（见图41和表9）。由于存在自有住房情况，本城市群居民租房比例相对购房比例更低。综合租购数据可以看出，珠三角、长三角和京津冀三大城市群外来人群租购的比例显著高于其他城市群。同时，跨城市群租购房行为受到地缘距离的一定影响。例如，珠三角城市群来自海峡西岸和北部湾城市群的租购居民比例明显高于其他城市群，成渝城市群也受到临近的长江中游、中原和关中平原城市群的人口辐射作用。

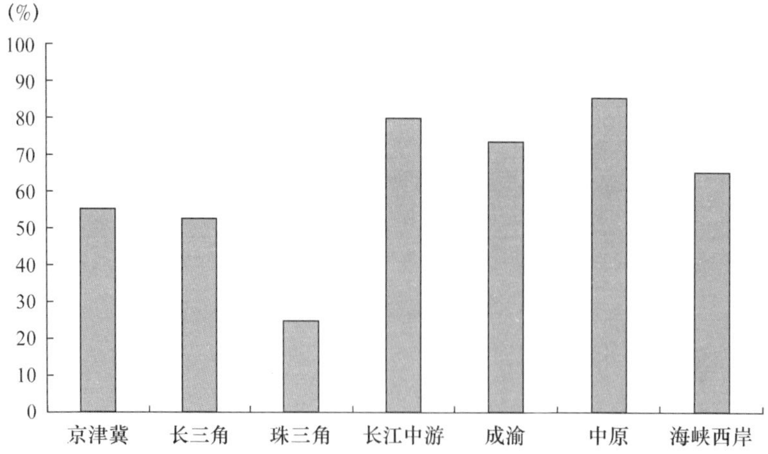

图41　各大型城市群本地户籍居民租房比例（2019～2020年）

资料来源：贝壳找房。

表9　　各大型城市群外地租房居民主要户籍来源（2019～2020年）

城市群	第一	第二	第三
京津冀	中原（9.3%）	哈长（8.3%）	长江中游（4.7%）
长三角	中原（13.4%）	长江中游（9.2%）	海峡西岸（4.2%）
珠三角	长江中游（19.9%）	海峡西岸（17.7%）	北部湾（8.8%）
长江中游	中原（5.1%）	长三角（2.8%）	海峡西岸（2.1%）
成渝	长江中游（4.2%）	中原（3.4%）	长三角（2.4%）
中原	京津冀（5.1%）	长江中游（1.8%）	长三角（1.4%）
海峡西岸	长江中游（14.2%）	长三角（5.2%）	中原（3.6%）

资料来源：贝壳找房。课题组整理。

经济发达、人口密集的大型中心城市是城市群的核心。分析2019～2020年各城市群核心城市购房居民来源的分布情况，可以看出当前各核心城市购房居民来源已经形成三类基本形态，表现出各核心城市在人口和投资置业方面的吸引力存在明显差异（见图42）。

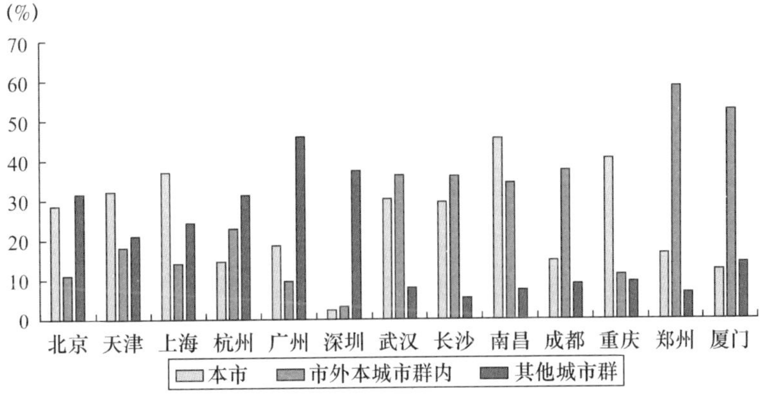

图42　各大型城市群核心城市购房居民户籍占比（2019～2020年）

资料来源：贝壳找房。

一是人口集聚力远超过核心城市所在城市群本身的城市，包括北京、上海、广州、深圳和杭州。具体表现为来自本城市群以外的购房者和租房者的比例明显超过本城市群居民。

二是核心城市仅在本城市群范围内表现出较强的集聚能力，包括武汉、长沙、成都、郑州和厦门。具体表现为来自核心城市外、本城市群内的购房人群比例最高。其中厦门市是唯一的非省会城市。

三是购房人群以本市居民为主，适当辐射本城市群，但对城市群外人口购房吸引力较弱，包括重庆、南昌和天津。

对比购房来源分布，核心城市租房居民来源分布情况基本符合以上三种分类。由于存在自有住房情况，各城市居民本地租房比例较购房比例明显下降（见图43）。

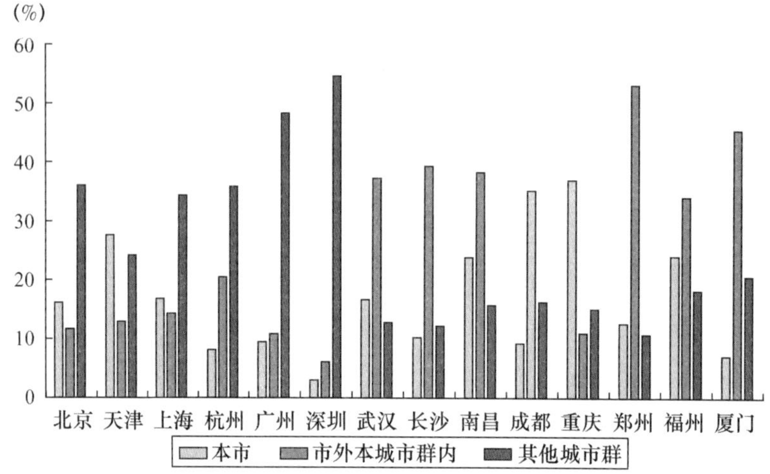

图43　各大型城市群核心城市租房居民户籍占比（2019～2020年）

资料来源：贝壳找房。

5. 各城市群住房需求和土地供应情况差异大

城市群对人口的集聚效应直接决定未来的住房需求。对比各城市群2010～2018年常住人口变化情况，可以看出2010年以来各城市群人口均出现了明显增长，长三角、京津冀、珠三角城市群新增常住人口在750万人以上，长江中游、中原、成渝城市群新增常住人口在500万人以上。2015年以来，城市群人口流入格局出现变化，珠三角的新市民数量在各城市群中领先；京津冀人口吸引力下降，新市民数量甚至低于海峡西岸城市群（见图44）。不同的人口发展趋势使得各城市群住房需求出现分化，人口持续增长的大型城市群客观上要加大住房供应力度。

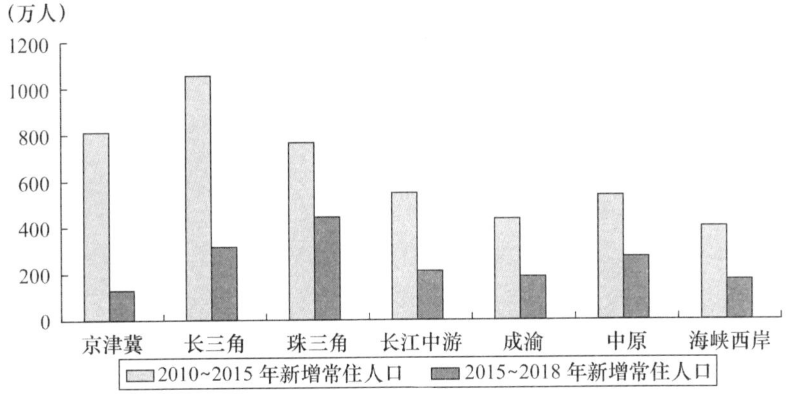

图 44 2010～2018 年各大型城市群新增常住人口数量

资料来源：各省市历年统计年鉴。

土地供应水平指标表示城市群当前住房供应力度。对比 2017 年新增城镇常住人口人均土地供应面积指标（见图 45），长三角和京津冀城市群居住用地供给较充裕，但核心城市供地情况不平衡现象突出。房价收入比最高的四个核心城市中，新增住宅用地峰值基本出现在 2010 年之前，近年来的新增供地均明显低于峰值时的水平。

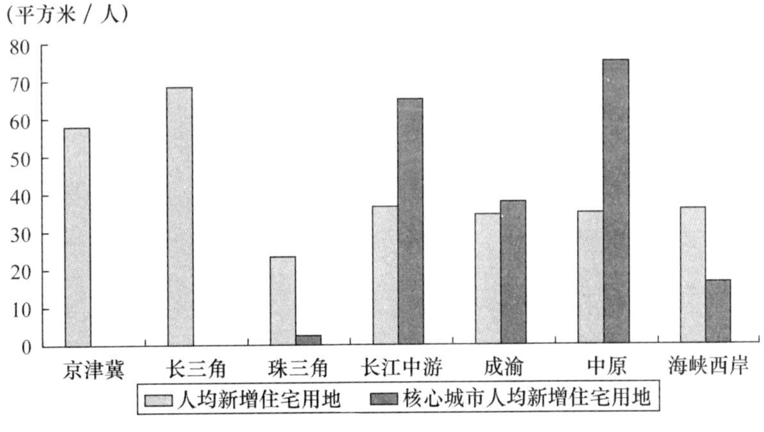

图 45 各大型城市群和核心城市人均新增住宅用地供应面积（2017 年）

资料来源：作者根据各省市统计局数据测算。

土地开发强度（建成区面积/行政区面积）指标表示城市群将来的住房供应潜力。对比发现，长三角和珠三角城市群的土地开发强度相对较高，且长三角城市群仍然保持着较高的土地供应量。核心城市中，深圳、厦门、上海等城市群核心城市较高的土地开发强度可能将在未来明显制约城市住房供给（见图46）。

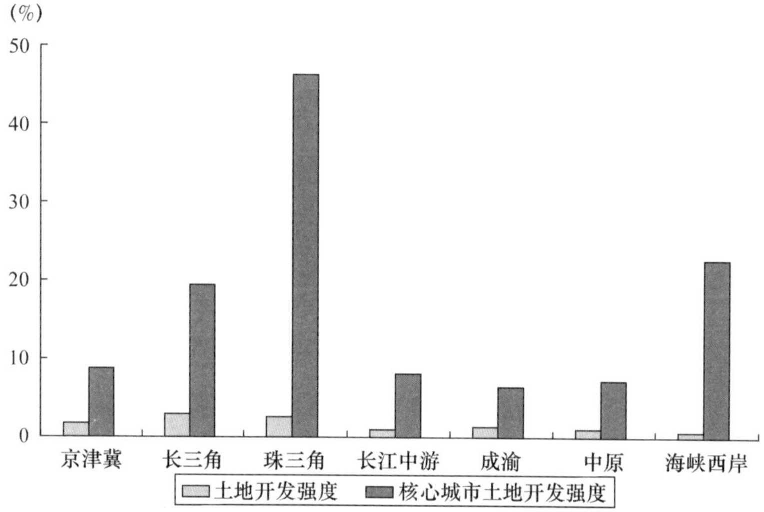

图46　各大型城市群和核心城市土地开发强度（2017年）

资料来源：作者根据各省市统计局数据测算。

（三）大型城市群住房政策体系特征

虽然各城市群尚缺乏着眼于城市群整体住房发展的政策体系设计，但各城市之间存在紧密的住房市场联系，城市群内各城市间开始出现一定程度的住房政策的配合。由于不同城市群的发展水平存在差异，不同城市群住房政策的重点也存在一定差异。

1. 日益重视“一城一策”“因城施策”

随着城市化的推进，不同城市房地产市场发展的差异性增大，国家开始越来越重视“因城施策”。2017年中央经济工作会议提出了“分清中央和地方事权，实行差别化调控”的新思路。2018年中央经济工作会议则进一步明确为“因城施策、分类指导，夯实城市政府主体责任”，即：允许城市间调控政策有差异，中央向城市调控目标设定和政策选择提供分类指导，城市承担主体责任。2019 年伊始，陆续有城市宣布进行“一城一策”试点，一些城市开始对政策进行微调。由于不同城市的住房市场差异较大，“一城一策”“因城施策”越来越受到重视。

2. 协调同一城市群内核心城市和周边城市之间的调控政策

由于城市群存在从中心城市到周边城市的房地产市场价格关联传导，在核心城市房价水平高、上涨压力较大的情况下，核心城市和周边城市之间的价格联动较为明显。在房地产市场调控中，城市群的核心城市和周边城市也日益重视在调控政策上进行协调。例如，根据李君甫和李立群（2020）的研究，以京津冀城市群为例，城市群住房市场的变动趋势往往比较一致，北京房价上涨往往带动河北、天津房价上涨；北京房价下降也会影响河北房价随之下降。当北京实行严格的限购政策后，天津和河北各市也相继出台了限购政策。京津冀城市群中，受北京住房市场影响最大的是靠近北京的廊坊、大厂、香河、三河、固安等县市。由于北京房价过高和对非本市户籍居民限购，毗邻北京的三河市燕郊镇成为在北京工作的外地居民购房的主要区域，使缺乏重要产业的燕郊镇成为河北省房价最高的地方。北京的副中心建设和产业功能疏解也直接影响到北京周边的县市房地产市场。三河、大厂的房价高于石家庄的房价，固安的房价也接近石家庄的房价。

3. 不同城市群和同一城市群内部不同层级城市住房政策的侧重点存在差异

高端要素集聚型城市群的核心城市住房政策仍以严格调控为主，同时大力发展租赁市场，扩大保障性住房覆盖面至新市民群体，并且开始探索毗邻城市间房地产联动调控机制。例如，随着珠三角城市群的深圳和长三角城市群的上海等热点城市房地产市场持续过热，两市房地产调控持续趋严。处于同一城市群的广州和东莞、苏州和南京等城市也由于土地市场过热、房价涨幅超出调控目标，当地政府出台了扩大限售范围等调控措施。随着广州与佛山同城不断深化，两地较大的房价差距、生活成本差异、不断完善的轨道交通、宽松的落户条件等因素导致佛山承载了大量广州外溢的购房需求，房价上涨压力较大。两地政府因此积极探索房地产联动调控和住房保障机制。2018年，广州推进公积金互通互认，在佛山买房的广州市民可以提取公积金。两地购房资格和公共服务同城化也处于持续探索和推进当中。

产业稳定发展型城市群核心城市调控虽也较为严格，但由于新房供应比较充裕，房价收入比明显低于一线城市，发展空间也较大，在严格调控的同时，为了产业发展陆续放宽人才政策，甚至出现“抢人大战”。在高端要素集聚型城市群的非核心城市，如长三角的常州和宁波、珠三角城市群的惠州和佛山等，甚至广州市的南沙区、花都区等，都对人才购房放宽了限购政策，出现了“严调控”和“引人才”并存的态势。

（四）大型城市群住房发展需要关注的主要问题

1. 大型城市群人口还在快速集聚，新市民住房问题较为突出

随着中国城市化进入以城市群为主体的高质量发展阶段，人口向城市群特别是大型城市群流动的趋势明显。改革开放以来，中国城市化率以每年约1个百分点的速度持续增长。根据课题组的预测，2035年中国城市化率将达到72.4%，2050年将达到81.6%。城市群对人口的集聚效应将进一步增强。例如，2015～2018年，19个城市群常住人口占全国总人口的比例从79.3%上升至80.5%；2018年常住人口城市

化率达到62.3%，高于全国同期59.6%的城市化水平。大型城市群集聚人口的优势尤为突出。对比2010～2018年各城市群常住人口增长数据，京津冀、长三角、珠三角、长江中游、成渝、中原、海峡西岸等大型城市群在过去近十年来经历了持续的人口增长，净增长量远高于其他中小型城市群，人口增速也处于相对较高的水平（见图47）。

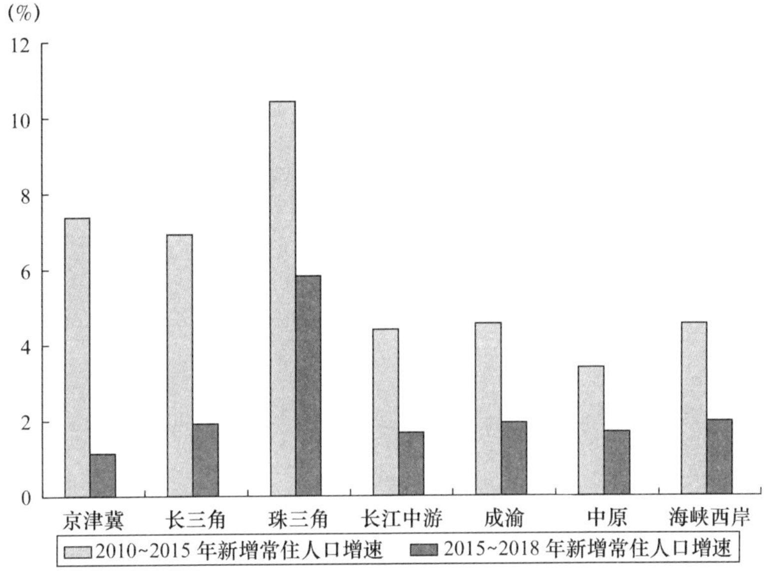

图47 2010～2018年各大型城市群常住人口增速

资料来源：作者根据各省市历年统计年鉴数据测算。

刘志林和冯叶（2016）通过对京津冀、长三角、珠三角和成渝四大城市群的问卷调查研究发现，户籍和经济收入双重制约导致的住房机会缺失是移民（特别是“乡—城”移民）在城市中面临的最大劣势。在这种双重制约下，流动人口主要居住在用工单位提供的职工宿舍或租住“城中村”的自建房，能够租住或购买正式住房的比例很低。由于城市化的快速发展，青年流动人口已经成为城市人口的重要组成部分。国家卫生健康委员会发布的《中国流动人口发展报告2018》数据显示，在新生代流动人口中，“80后”所占比重为

35.5%，“90后”占24.3%。在未来一段时期内，以珠三角、长三角、京津冀、长江中游和成渝城市群为代表的大型城市群仍将是中国流动人口的主要集聚地和城市化的主场。目前，青年流动人口除关注工资收入之外，市场规模、就业机会、人力资本提升潜力、良好的基本公共服务资源也成为吸引青年做出流动决策的重要因素。但是，由于经济条件或者工作稳定性等原因，租房成为青年等新市民群体主要的住房选择。需更加重视租赁品质提升、租房者权益保护等问题。

2. 高端要素集聚型城市群的核心城市住房支付能力不足问题日益突出

在城市化进程和经济结构调整过程中，人口持续向城市群特别是大型城市群流动，其中大型城市群的核心城市始终是人口流入主阵地。城市化率高的核心城市由于起步早，城市发展地域空间不足的矛盾逐渐凸显，新建住房供应量早已过了峰值期。但核心城市提供的高收入岗位多，对高收入人才的吸引力大，住房供不应求的矛盾较为突出，高端要素集聚型城市群的核心城市住房支付能力不足的问题日渐突出。从价格表现看（见图48），所有的核心城市新建商品住宅均价都高于所在城市群，北京、深圳的房价是城市群整体的3倍，上海也超过了2倍，其他城市均在1~1.5倍。考虑到收入差异，进一步对比核心城市和城市群整体房价收入比可以看出，由于核心城市收入水平较高，核心城市与城市群整体在房价收入比上的差异小于房价差异，但北京、上海、深圳和厦门的房价收入仍超出城市群整体很多。核心城市的房价波动对城市群整体也会产生明显影响。王松涛等（2008）和兰峰等（2017）的研究表明，各城市群的各城市房价存在明显的区域联动特征，核心城市对区域内住房价格存在溢出效应。

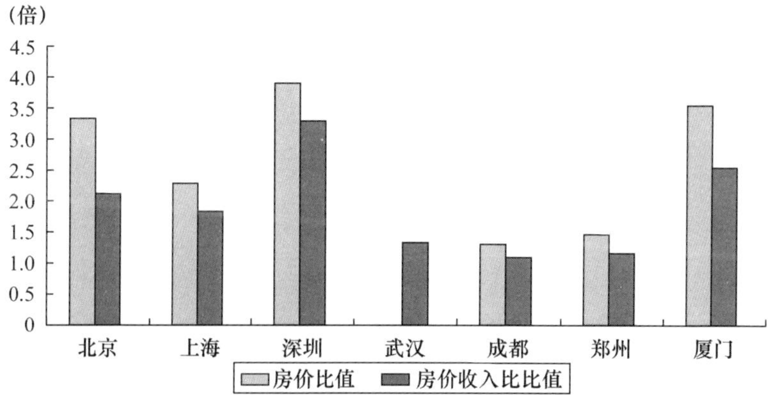

图48　各大型城市群核心城市房价和房价收入比与城市群数据比值（2018年）

资料来源：作者根据各省市统计局数据测算。

3. 不同城市群和城市群内部不同城市间的公共服务水平差异明显，基本公共服务均等化尚未实现

由于经济发展水平和财政收入不同，各城市群在教育、医疗等基本公共服务上的投入差异比较大，城市群内部分化也比较明显。在教育方面，京津冀、长三角和珠三角等城市群的常住人口人均财政教育投入显著高于其他城市群。在医疗方面，京津冀、长三角和成渝等城市群的人均医疗投入也高于其他城市群。根据中国城市规划设计院王凯、陈明等（2019）的相关研究，如果以拥有“三甲”医院数量来评判各城市群医疗服务水平，那么京津冀和珠三角城市群拥有“三甲”医院的数量较高，且京津冀、长三角和珠三角城市群拥有的“三甲”医院总量远高于其他城市群。城市群内公共服务分布也很不均衡。在京津冀城市群中，北京市2018年常住人口人均财政教育支出高达4761元，而最低的河北省邯郸市只有1253元。其他主要城市群中核心城市的教育投入（除成渝外）也显著高于城市群其他城市（见图49）。教育和医疗作为居民生活的主要配套资源，对住房供需和商品房价格有显著影响。

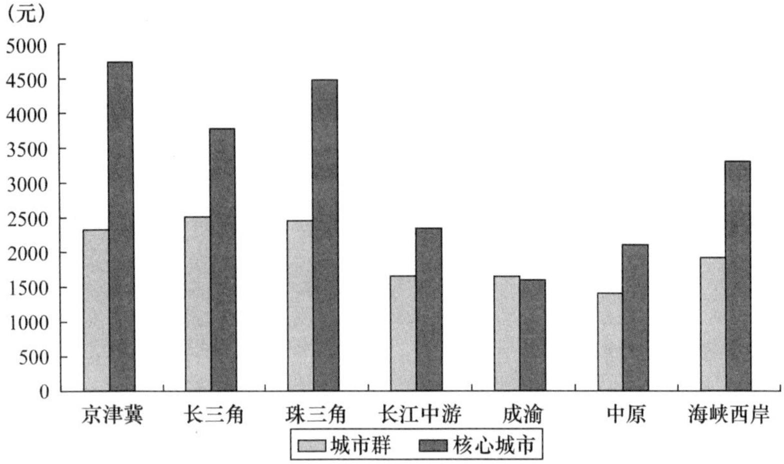

图 49　各大型城市群和核心城市人均财政教育支出（2018 年）

资料来源：王凯、陈明等（2019）。

4. 城市群交通等基础设施发展不均衡，不利于实现产业、人口和住房的协调发展

经过改革开放 40 多年的发展完善，目前中国各城市群总体上已经形成了与人口规模和经济发展水平相适应的公路网络。总体来看，中原、成渝、长三角等城市群有着较为发达的公路网络（见图 50）。

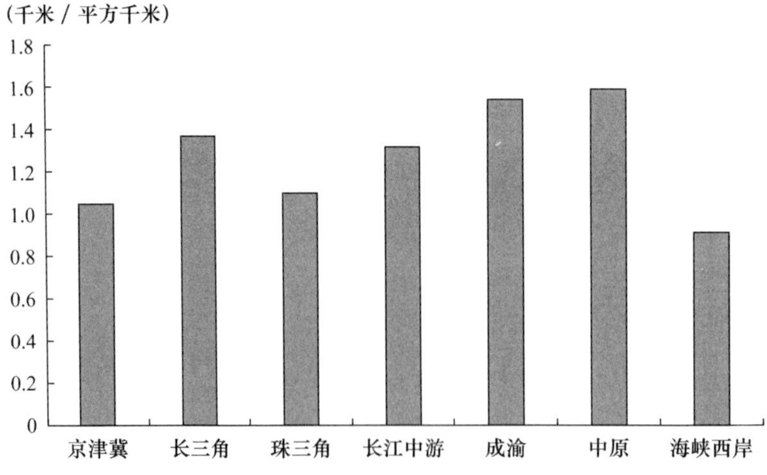

图 50　各大型城市群公路路网密度（2018 年）

资料来源：作者根据各省市统计局数据测算。

交通基础设施将直接影响城市之间的可达性，决定了各城市间的经济社会联系，影响城市群的空间分布和职住平衡，改变居民的购房和租房行为。根据中国城市规划院王凯、陈明等（2019）的研究，京津冀、长三角和珠三角城市群虽然面积较大，但是节点城市数量多，交通网络覆盖较好；中原和长江中游等城市群的节点城市按照城市群主要轴线分布，城市群整体可达性也较高。但是成渝、海峡西岸等城市群的可达性明显较弱。城市群可达性直接影响的就是城市间通勤和职住平衡，以及由此带来的租房和购房行为。根据贝壳研究院数据，以珠三角为例，广州—佛山以及深圳—东莞—惠州跨城职住比例很高，惠州约有62%的购房居民须出城工作，其中又有45%的居民工作在深圳；住在佛山、工作在广州的居民占全部佛山购房居民的16%。

5. 城市群住房体系缺乏顶层设计和统一规划

目前，已获国务院批复的各城市群发展规划文件均未涉及与住房发展相关的内容。成渝等城市群的部分城市之间虽已开始探索城市群内相关政策的协调，但总体来看，不论是全国层面还是城市群层面，都还缺乏对住房体系的顶层设计和统一规划。

六、中国大型城市群发展趋势及对住房体系发展的新要求

中国已进入高质量发展阶段，大型城市群成为经济增长的重要载体，经济社会发展的重心以及人口、资金等要素资源向大型城市群集聚的趋势加快。大型城市群发展的新格局、经济结构调整升级的新趋

势以及城市群出现分化的新特征，对城市群视角下的住房体系发展和相关政策安排提出了新要求。

（一）城市群及其核心城市将成为承载经济发展的主要空间载体

从中国城市化和城市发展阶段来看，与改革开放之初的以城市数量增长和规模扩大为主导的城市化起步阶段不同，目前中国已进入以城市群为主导的城市化高质量发展新阶段。在新阶段，中国城市群及其核心城市正在成为承载发展要素的主要空间形式，是提升经济效率和资源配置能力的主要空间载体。2020 年中国的城市化率为 63.89%[①]，稍高于 55.3% 的世界平均水平，但明显低于高收入经济体的 81.3%，也低于中高收入经济体的 65.2%[②]，中国城市化还有近 20 个百分点的增长空间。2019 年，全国人户分离人口 2.80 亿人，其中流动人口 2.36 亿人[③]，户籍改革和公共服务全覆盖仍需进一步推进。2020 年一、二、三产业就业人口占比分别约为 23.6%、28.7% 和 47.7%，其中第一产业就业人员占比大幅高于第一产业占 GDP 的比重 7.7%[④]，第一产业就业人口还将持续向第二、第三产业转移。国家已确立了“19 + 2”的城市群总体发展战略，要求加快户籍制度、财税体制、人口流动、产业发展、公共服务体系等方面的改革进度。大型城市群将为中国经济高质量发展提供强大的发展动能。

① 资料来源于国家统计局公布的《第七次全国人口普查公报》。

② 资料来源于世界银行、OECD。

③ 资料来源于《中国统计年鉴（2020 年）》。

④ 资料来源于 Wind。

（二）中国城市群将相继进入成形阶段和成熟阶段

国际经验表明，所有国家在进入中等收入社会时，城市化率都超过了50%，所有高收入国家的城市化率都在70%以上。根据课题组的预测，2035 年中国城市化率将达到72.4%，城市间的基础设施条件将进一步改善。根据中共中央、国务院印发的《国家综合立体交通网规划纲要》，到2035 年，基本建成便捷顺畅、经济高效、绿色集约、智能先进、安全可靠的现代化高质量国家综合立体交通网，实现国际与国内互联互通、全国主要城市立体畅达、县级节点有效覆盖，有力支撑“全国123 出行交通圈”（都市区1 小时通勤、城市群2 小时通达、全国主要城市3 小时覆盖）和“全球123 快货物流圈”（国内1 天送达、周边国家2 天送达、全球主要城市3 天送达）。交通基础设施质量、智能化与绿色化水平居世界前列。按照课题组对城市群演进阶段的划分，预计2035 年之前中国城市群将整体进入成形阶段，并将向成熟阶段迈进。到2050 年左右，中国城市化率将达到81.6%，第三产业占比将达到70%，城市群将整体进入成熟阶段（见表10 和表11）。

表10　2035、2050 年中国人口、城市化率和经济结构预测

	2010 年	2020 年	2035 年	2050 年
人口（百万人）	1341	1443	1368	1270
城市化率（%）	49.7	63.89	72.4	81.6
城镇人口（百万人）	666	902	990	1036
城镇家庭户均规模（人/户）	2.88	2.62	2.5	2.3
城镇家庭户（百万户）	231	344	396	451
第一产业占比（%）	9.3	7.7	5.0	3.0
第二产业占比（%）	46.5	37.8	32.0	27.0
第三产业占比（%）	44.2	54.5	63.0	70.0

资料来源：课题组测算。

表 11　　2030 年大型城市群城市化率预测

	2018 年	2030 年
京津冀城市群	64.50%	75.68%
长三角城市群	72.00%	78.90%
珠三角城市群	78.10%	88.79%
成渝城市群	57.90%	66.62%
长江中游城市群	60.50%	69.42%
中原城市群	51.40%	64.30%
海峡西岸城市群	61.30%	78.81%

资料来源：中国城市规划设计研究院。

在城市群发展过程中，不同城市群发展的差异性仍将存在，但协调性有望增强。京津冀、长三角和珠三角作为高端要素集聚型城市群，在世界城市群中的影响力将显著增强。长江中游等产业稳定发展型城市群人口占全国人口的比重会持续增加。

城市群发展变化也存在着较多不确定性。受到市场力量作用和政府规划指引等多种因素的综合影响，住房政策应保持灵活性以适应不同发展情景的需求。

（三）大型城市群住房问题将成为下一阶段住房政策关注的重点

伴随产业结构和产业布局的持续调整，人口持续向大型城市群及其核心城市流动将成为今后相当长一段时期的主要趋势。人口流动将带来住房需求的变化，大型城市群以及城市群内部的核心城市住房需求持续旺盛，需要加快研究建立与住房需求变化相适应的住房供给体系。国际住房市场发展历程表明，大型城市群的核心城市往往成为泡沫风险积聚和爆发的重点区域。城市群的发展使住房需求不再局限于原有的城市行政区域范围内，在核心城市土地资源不足、新增住房供给有限的情况下，需要通过城市群的协调发展、统筹城市群住房资源缓解核心城市的住房压力。人口流动的新趋势和住房需求的新变化，迫切需要住房体系规划和住房政策设计突破以城市为中心的传统思路，更加重视从城市群可持续发展的视角去研究城市群住房供应体系一体化发展的思路和城市间住房政策相互协调的问题。

（四）不同类型城市群发展差异客观要求住房政策因城市群施策

国际典型城市群的演进历程表明，不同城市群及其住房市场的差异性将长期存在。实现城市群市场持续健康发展，需要准确把握不同类型城市群的特征、优势和矛盾，采取与城市群特点相适应的政策。

1. 高端要素高度集聚型城市群应高度重视解决核心城市新增住房供给不足问题

对于长三角、珠三角等高端要素持续集聚的城市群，核心城市的住房问题在未来仍将比较突出。近年来，各核心城市虽然在需求端出台了大量政策，较好地抑制了投资投机性需求，但“供不应求”的主要矛盾并未根本改变，房价高企带来的潜在金融风险仍然较大，住房支付能力下降的问题仍十分突出。因此需要这些城市更加重视如何破解需求旺盛与新增供给不足的矛盾，以及如何有效防范化解核心城市房价过高带来的潜在金融风险。

2. 产业稳定发展型城市群要继续致力于实现产业、人口和住房的协调发展

成渝、长江中游等产业稳定发展型城市群在产业、人口和住房市场方面的协调性总体较好，住房问题相对并不突出。从未来发展看，这些城市群还有较大的发展空间，要继续致力于产业、人口和住房的协调发展，促进产业持续升级，吸引人口持续流入，并根据人口增长

情况确定新增住房规模。产业稳定发展型城市群的持续健康发展不仅对这类城市群自身发展至关重要，也有助于促进不同城市群的协调发展，并在一定程度上可缓解高端要素集聚型城市群核心城市住房市场面临的压力。

3. 避免出现产业停滞衰退型城市群

大型城市群的发展并非一成不变，产业转型滞后、经济政策调整不及时、人口政策不友好的城市和城市群也有可能因为人口吸引力下降、支撑城市发展的基础设施不足导致城市出现衰退。此时的住房问题表现为城市房地产等资产价格下降，虽然居住需求本身不难满足，但如何实现城市群的产业升级和经济增长成为矛盾的主要方面。特别是，由于城市群建立在城市间产业分工协同的基础上，因此产业停滞导致的衰退并非只对单个城市产生影响，而是作用于参与了产业分工的城市群整体。因此，在未来发展中，应高度重视推动大型城市群产业结构持续升级，避免出现停滞衰退型城市群。

七、大型城市群住房体系发展目标和总体思路

（一）发展目标

大型城市群住房体系的构建和完善，是对传统的以城市为单位的住房体系的突破和创新，需要打破城市行政边界，从解决城市群全体居民住房问题的视角，设计面向未来、包容性强、富有弹性的住房体系。从目标导向看，建议大型城市群住房体系要达到以下主要发展目标。

一是大型城市群住房供需良性互动，实现更高品质住有所居。按照人口在城市群的流动和分布情况，有效提升城市群内的各城市对住

房需求的响应能力，重点增加人口流入、房价高的中心城市的住宅用地供应，通过创新存量房源用于居住用途的机制等办法，提升中心城市住房供给弹性。进一步提高大型城市群的住房质量，提供功能更加完备、建筑质量更加优良、人居环境更加舒适的住房。加快房地产开发建设模式实质性转变，形成节约型、环保型、生态友好型的住房建设模式。

二是大型城市群住房市场协调发展，有效防范房地产市场风险。大力推动大型城市群的基本公共服务均等化，通过交通一体化增强城市群内各城市间的连接性。针对大型城市群内跨行政区职住分离及通勤所带来的差异化的成本和收益，尊重市场主体的最优空间配置选择。引导城市群住房需求在各城市间的合理分布，中心城市的住房需求要适度向周边交通便捷、公共服务质量较高的城市转移，同步防范中心城市房价泡沫化风险和周边城市住房供应过剩风险。城市间房地产市场调控政策协同性大幅增强，城市群房地产市场保持总体平稳。

三是大型城市群要素资源优化配置，实现住房与实体经济均衡发展。打破行政区划的障碍，统筹考虑大型城市群人口规模结构、产业发展及其空间布局、土地等资源环境以及住房存量资源，推动人口、产业、土地、技术等要素资源在大型城市群范围内优化配置。按照公平交换的市场原则，就土地资源环境供给、基础设施与公共服务供给以及税收分享，进行跨行政区协商与合作。

（二）基本原则

顺应城市群人口流动和产业发展趋势，促进住房体系建设与城市群经济社会协调发展。坚持“房子是用来住的、不是用来炒的”定位，以满足人民群众对美好居住的向往为主要出发点，以建立多主体供给、多渠道保障、租购并举住房制度为主要方向，充分发挥市场配置资源的决定性作用，更好地发挥政府作用，在大型城市群实现更高水平的住有所居。

一是坚持协调发展。建立健全城市群一体化协调发展机制和成本共担、利益共享机制，统筹推进住房体系建设、基础设施协调布局、产业分工协作、公共服务共享、生态共建、环境共治。住房发展规划要与人口、土地、产业、交通等规划有机衔接，以更好地服务城市群发展和实现住有所居的目标。

二是坚持需求导向。从大型城市群各自的发展阶段和住房需求特征出发，按照职住平衡要求，构建住房供应体系。保障基本需求，支持刚性和改善性需求，抑制投机需求特别是中心城市的投机需求。

三是坚持系统设计。大型城市群要将商品房、保障性住房和租赁住房三大体系统筹考虑、系统设计，在城市群范围内合理确定三大体系的供应规模和比例，多渠道满足城市群居民的住房需求。

四是坚持因地制宜。大型城市群住房市场的区域差异性明显，需要合理划分中央和地方在住房领域的事权。大型城市群区域的地方政府根据本地经济社会发展情况和住房市场供求情况，进行统筹协商，协同做好房地产市场调控、保障体系建设、租赁市场发展等工作。

（三）总体思路

中国城市化已进入以城市群为主体、大中小城市协调发展的新阶段。住房市场的区域间分化加剧与市场协同联动并存，将成为主要趋势。完善中国城镇住房体系，探索大型城市群住房体系协调发展的制度创新，既要重视因城施策，也要重视城市群联动发展，解决好大城市居住成本过高和城市群协调发展的问题。大型城市群住房体系建设要与产业分工、交通联通、公共服务等进行有效衔接，基于大型城市群住房需求结构及其变动趋势完善住房体系，统筹考虑住房市场体系与保障体系的关系。大力发展租赁市场，推进租购并举。

一是住房体系与产业、交通、公共服务体系协调发展。产业、交通的结构性变化将带来住房需求的结构性变化，公共服务的空间差异也会促成人口的流动。科学谋划产业布局，促进大型城市群内产业分工优化，预判产业结构优化对人口流动与住房需求的影响，合理布局住房用地与其他类型用地的供应规模与区位。完善大型城市群内部交通连接，提升城市群内部企业与人口的流动性。促进住房体系与公共服务体系协调发展，完善中心城市周边中小城市的公共服务配套，特别是教育、养老、医疗等配套。

二是从住房需求出发完善住房体系。中国大型城市群住房发展阶段不尽相同，住房需求的多元化特征明显。要根据产业发展与人口流动趋势，科学预测大型城市群新增住房需求及其结构。定期评估人口总量、结构、户均规模等主要数据，利用互联网大数据对大型城市群人口流动变化趋势进行动态监测。适应人口变动和住房需求变化趋势，完善住房年度和中长期供应体系。合理制定和适时调整土地、城市及住房规划，有效引导基础设施建设和基本公共服务供给。

三是统筹考虑大型城市群的住房市场体系与保障体系建设。明确住房市场体系和保障体系各自发展定位和对应的需求群体。住房市场体系中的商品房主要用来解决多数居民长期性住房需求问题；租赁房主要解决阶段性、过渡性住房需求问题，住房保障体系主要解决中低收入群体住房困难问题，更加重视满足新市民住房保障需求。

四是发展住房租赁，推进租购并举。在大型城市群范围内以盘活存量为主，增加人口净流入的中心城市租赁住房供应。积极推进不适合中心城市产业发展方向的工业企业向周边中小城市外迁，盘活产业用地，发展租赁住房。鼓励存量商业用房改建为租赁住房。以城市更新为契机提升住房租赁品质，结合城市更新和老旧小区改造，提高老旧社区活力，增加租赁住房供给。加大对租赁住房的土地、金融、税收、公共服务等政策支持力度。

八、推动大型城市群住房体系建设的建议

目前中国大型城市群住房体系建设尚处在探索期，需要在城市规划、人口、土地、住房等层面协同推进相关制度、政策的调整和变革，推动建设面向未来、富有弹性、包容性强的大型城市群住房体系，为城市群一体化发展提供重要支撑，促进城市群经济社会协调发展和实现城市群居民更高水平的住有所居。

（一）制定大型城市群住房发展总体规划，增强住房规划与其他规划的协同性

将住房体系发展专项规划纳入大型城市群发展规划中，统筹考虑住房、产业、人口、交通等相关专项规划，增强相关规划间的协同性，促进产业、城市功能、人口流动、基础设施的合理布局和调整。区分不同类型的城市群，以及城市群内部核心城市与非核心城市住房需求特点，适应城市群住房需求结构的变化，系统研究城市群商品住房、租赁住房和保障住房三大供应体系，实现城市群住房供需基本平衡、结构合理优化。

在大型城市群总体规划的基础上，进一步加强各项专项规划的引领作用，完善住房规划制度，并实现住房规划与城市规划、国土规划、

公共服务规划等有序衔接。以基本公共服务均等化、基础设施通达程度比较均衡、人民生活水平大体相当为目标，优化公共资源配置，健全以居住证为载体、与居住年限等条件相挂钩的基本公共服务供给机制，促进各类要素合理流动和高效集聚。加强城市群居住区规划，从城市空间与景观、社会、生态、文化等多角度出发，对居住区的住宅、公共设施、公共绿地、室外环境、道路交通和市政公用设施等做出具体规划，不断提高居住区的居住质量。做好大型城市群城市更新和老旧小区改造的规划设计，对旧城和中心城区的住房实施保护性的更新改造。探索建立大型城市群的住房规划协调机制。鼓励各大城市群建立规划协调委员会，在规划编制、实施等方面进行对接、协商，逐步探索联动和统一推进机制。

（二）完善大型城市群产业、交通和基本公共服务等体系，推进住房体系与经济社会协调发展

大型城市群的产业、交通和基本公共服务等体系建设与住房体系建设密切相关。要促进大型城市群住房体系协调发展，需要加快完善产业、交通和基础公共服务等体系的规划，并促进其有序发展。

一是优化大型城市群产业布局。以城市群为依托促进大中小城市和小城镇产业协作联动、特色化发展，大型城市群的产业体系要形成规模化集群式发展模式。中心城市发挥科技创新、高端产业引领作用，形成以现代服务业为主体、先进制造业为支撑的产业结构，提升综合能级与国际竞争力。中心城市外的其他城市，要从自身产业基础出发，承接中心城市的产业转移和功能疏解，与中心城市产业形成协作分工体系，实现多中心、组团式发展。

二是推进大型城市群交通一体化，实现交通基础设施互联互通。

大型城市群地级及以上城市实现高铁全覆盖，加快普速铁路建设和既有铁路电气化改造。加快城际铁路、市域（郊）铁路建设，构建高速公路环线系统，有序推进城市轨道交通发展。借鉴上海市和苏州市的做法（上海城市地铁延伸到昆山市花桥区）、广州市和佛山市的做法（广州地铁延伸到佛山市行政区域内），大型城市群的相邻城市要积极推动地铁同城化，利用城市地铁系统将城市紧密连接。

三是加快大型城市群公共服务便利共享，优化优质教育和医疗卫生资源布局。在当前公共服务与户籍制度挂钩的情况下，要积极放宽大型城市群内除个别超大城市外的落户条件，全面取消城区常住人口300万以下的城市落户限制，全面放宽城区常住人口300万~500万的中型大城市的落户条件。完善城区常住人口500万以上的超大、特大城市积分落户政策，基本公共服务要与居住年限等条件相挂钩，保障居住证持有人切实享受城镇义务教育、住房保障等公共服务。建立分校、集团化发展、远程交流等方式，使大型城市群的中小城市能够共享中心城市的优质教育和医疗卫生资源。

（三）健全大型城市群住房市场体系和保障体系，满足多层次多样化的住房需求

针对中国七大城市群的住房市场差异性，建立起更好满足差异化、多层次住房需求的大型城市群住房供给体系。对高端要素集聚的大型城市群，要更加重视存量房屋资源的盘活和再利用，大力发展租赁市场，优化商品房市场，做好新市民住房保障工作。对于产业稳定发展的大型城市群，要以商品房市场作为解决住房需求的主渠道，精准提供住房保障。

一是重视存量资源的盘活和再利用。不少大型城市群中心城市和

周边经济发达城市的城市化率已超过70%，已进入城市化成熟阶段。新增国有建设用地的空间不大，未来住房体系的构建主要通过存量资源的盘活和再利用进行。建议借鉴新加坡等国经验，探索混合用地出让政策，畅通工业用地、商业用地等用于住房用途的规划调整渠道，优化城市群内各类城市的土地供应结构。打通原有公房、公租房与市场化住房的通道，增加住房供给体系的灵活性和弹性。通过有效的政策手段鼓励个人将多余住房用于出租或出售，以调节住房资源。

二是发挥好商品房市场在改善住房条件方面的主渠道作用。中国现有大型城市群（除珠三角外）的商品房市场是解决居民住房问题的主渠道。未来仍要坚持以普通商品房为主，形成不同价位、不同层次的商品住房，适应大多数群体的住房需求。政策上不宜对商品房户型大小、套内面积、价格等作出过多过细的规定。要增加中心城市住宅用地与商品房供应，使中心城市的住宅价格保持在合理水平，通过商品房市场为大多数中低收入者提供他们可以租住或购买得起且基本体面的住房。

三是以盘活存量资源和闲置用地为主发展住房租赁市场。大型城市群的住房租赁群体规模大、需求较集中，要多措并举增加租赁住房的有效供应。鼓励将闲置和低效利用的商业办公用房、国有厂房等改建为租赁住房，增加规模化租赁经营的房源。大幅降低租赁税负，充分调动持有多套住房家庭的积极性，鼓励他们把多余存量住房投入住房租赁市场。利用集体建设用地、工业园区和单位自有闲置土地，发挥这些土地价格低、邻近就业单位的区位优势，建设小户型和低价位租赁住房。加快推进存量占比较高的“城中村”租赁住房系统改造，提升租赁住房品质，建立多元合作的“城中村”租赁住房更新治理模式。

四是完善住房保障体系。大型城市群本地户籍家庭的住房保障问题已基本解决，许多城市也进入存量住房时代。建议加快保障方式转型，实现以货币补贴为主、实物保障为辅等多种方式相结合的多元化住房保障方式。住房保障体系的重点对象要从户籍家庭逐步转为新市民等非户籍常住家庭，逐步将新市民等纳入住房保障体系。根据新市民的居住年限、工作性质、收入水平等指标建立精细化的保障标准，优先保障环卫、公交、教育、医疗等支撑城市基础设施和公共服务体系运转的新市民住房需求。适当探索并逐步完善共有产权住房体系，完善退出机制，结合货币化补贴打通市场体系和保障体系，提高保障性住房资源的配置效率。

（四）探索大型城市群房地产市场联动调控机制，促进房地产市场健康平稳运行

将完善大型城市群住房体系作为解决大城市住房突出问题的重要抓手，特别是高端要素快速集聚的大型城市群，中心城市和周边城市房价高、上涨压力较大，亟须建立促进城市群住房体系协调互动发展的体制机制，建立城市群房地产市场联动调控机制，推动城市群房地产市场平稳健康发展。

一是高度重视建立一、二手房联动调控机制。大型城市群的中心城市和其他一些城市已经进入存量住房时代，二手房交易规模已超过新房规模。未来这些城市的住房改善性需求比重会越来越高，新房市场的购买群体会更多来自现有的二手房东，他们通过以旧换新、以小换大等逐步改善自身住房条件。因此，未来二手房价格对新房价格的影响会越来越大。但目前房地产市场对新房和二手房价格是分开调控的，没有建立一、二手房价格联动调控机制。下一步要从大型城市群

的住房需求特点出发，更加侧重从二手房交易特点出发建立二手房价格引导机制，再通过二手房价格传递到新房市场。

二是探索建立大型城市群人地房挂钩机制，优化住房用地供应体系。完善大型城市群住房用地供应机制，提高对住房需求的适应性。加快建立人地挂钩和房地联动机制，适应人口总量和结构变化的需要，合理新增建设用地指标和住房用地比例。以大型城市群为单位，调整优化城镇建设用地年度指标分配依据，建立城市群用地指标同吸纳农业转移人口落户数量和提供保障性住房规模相挂钩的机制。加大对未开发闲置用地的处理力度。支持将闲置用地调整为居住用地，适当加快规划和用途调整进度。适当提高供求矛盾突出的中心城市的商品住房用地供应规模和占比。通过增大土地供应量、公布土地供应计划等方式，抑制中心城市地价过快上涨。

三是完善大型城市群住房金融调控机制，加强对流向房地产领域各类资金的监管。单个城市的金融监管部门难以有效统计和识别当地房地产市场的流入资金。考虑到多数大型城市群的购房群体都在同一个城市群，建议大型城市群内部各城市的住房金融监管部门加强协同合作，科学监测资金在城市群各城市间的流动情况，加强对开发贷款、债券融资、信托资金、理财资金、资管计划等各类资金流向的监管。完善住房金融调控政策，根据不同城市住房市场供求和价格等情况合理确定最低首付比例要求，通过差异化的信贷政策引导住房需求在中心城市和周边城市的合理布局。

（五）推进城市群的城市更新和老旧小区改造，提升住房品质

大型城市群各城市的中心城区房龄偏老、设施偏旧，越来越难以适应人民群众对居住品质和美好生活的需求。建议重视建立可循环再

生的住房体系，让中心城区的“老龄化住宅”实现循环再生。改造提升老旧小区、老旧厂区、老旧街区和“城中村”等存量片区功能，推进老旧楼宇改造，全面提升居住品质。

鼓励土地功能的多元化使用。借鉴新加坡的经验，创新复合化、弹性化的土地分类标准，鼓励城市注重土地功能的多元化和弹性用地。针对存量改造区、城市中心区、交通枢纽区等重点地区，提出差异化的要求。探索立体化、混合型的土地出让模式，如允许交通枢纽综合体分层出让、分层确权，允许工业用地和科研办公用地混合出让、混合确权，建立面向立体化、混合型的规划技术标准。以高科技产业和高端人才需求为导向，制定新型产业用地规划标准，允许在产业用地的混合功能、开发强度、立体开发、产权分割、土地出让等方面适当突破创新。鼓励通过低效存量用地连片改造，发展兼容工业、商业、办公等多用途的综合型产业用地。

加大城市更新的政策支持力度，确保传承历史风貌、提升居住环境。出台城市更新和老旧小区改造的法律法规、实施意见和配套政策文件。明确改造标准和对象范围，优化改造模式，创新投融资机制，加强金融、财政、土地、规划等政策协调。充分利用老旧小区内外低效利用的工业用地、非住宅居住用地、空地、荒地等，创新规划变更程序，鼓励混合出让，适度提高容积率，统一规划、统一设计、统一改造、统一运营，实现资金综合平衡。

（六）因地制宜确定城市群内住房供给的重点方向

中国七大城市群处在不同的发展阶段，人口和产业集聚潜力存在差异，住房需求和供应结构也有各自的特点。要按照因地制宜原则确定城市群内住房供给的重点方向，更好地满足住房需求、保持市场稳定。

长三角、珠三角、京津冀等高端要素集聚型城市群，要充分利用中心城市周边城市的住房供给潜力，合理满足中心城市的住房需求。探索中心城市与周边交通便捷、公共服务配套良好的城市在购房资格上的同城化，中心城市的居民到同一城市群周边城市购房享受与当地居民相同的待遇，合理引导中心城市旺盛的住房需求向周边城市有序转移。周边城市利用相对充足的土地供应增加住房供应规模，满足中心城市居民的正常居住需求。为引导中心城市住房需求有序转移，要促进大型城市群内与住房相关的公共服务同城化，鼓励大型城市群内社保和积分落户互认、教育和医疗资源共享，促进各类要素资源在大型城市群内部的优化配置。

长江中游、成渝等产业稳定发展型城市群，要充分利用住房市场基本稳定、人口流入和产业升级加快的优势，尽快构建产城房融合发展的格局。同长三角、珠三角、京津冀城市群相比，长江中游、成渝等城市群的中心城市和周边城市的房价总体上可以承受，土地供应潜力仍然较大。考虑到未来人口流入速度会明显加快、城市群产业体系要加快转型升级，这些城市群要提前布局住房体系，根据人口流入和产业集聚方向，在人口流入多、产业升级顺利的城市有针对性地增加土地供应，在人口流出和产业升级缓慢的城市相应减少土地供应，推动产城房融合发展。

执笔人：王　微　邓郁松　邵　挺

王瑞民　牛三元　苏诺雅

专题报告一

进一步完善粤港澳大湾区住房供应体系的建议

粤港澳大湾区是中国最具经济活力与发展前景的地区之一，经济发达，外来人口大量流入，住房需求持续较快增长。但受商品房供应不足等因素影响，核心城市房价高企。“城中村”提供了大量的低价租赁住房，但品质较低。随着大湾区产业转型升级与居民住房需求从“有的住”向“住得好”的结构性转变，需要针对大湾区在供应总量、结构上存在的一些突出问题，进一步完善住房供应体系，实现更高水平的住有所居。

一、核心城市商品房供应不足导致自有率低，房价上涨较快

由于历史原因，大湾区核心城市中商品住房的存量占比相对偏低，“城中村”农民自建房占了较大比重。以深圳为例，根据国信达的数据，2019 年深圳商品住宅、农民自建房、公房及保障房三大类型住房总量约 689.8 万套[①]；其中商品住宅 215.1 万套，占比约 31.2%；

① 数据统计中以有门和独立洗手间的住所为一套房。

农民自建房453.4万套，占比高达65.7%。大湾区其他主要城市如东莞、佛山也存在着同样的情况（见表1.1）。从存量住房总量来看，各市户均住房套数均超过1套，但除珠海外，户均商品住房套数均低于1套，其中深圳和东莞户均商品住房分别只有0.4套和0.3套。

表1.1　粤港澳大湾区各城市住房发展情况（2019年）

城市	城镇常住人口（万人）	城镇常住人口户数（万户）	住房存量（万套）	商品住房占比	农民自建房占比	户均商品住房量（套）
广州	1323.3	432.5	438.0	80.2%	16.9%	0.8
深圳	1343.9	546.3	689.8	31.2%	65.7%	0.4
东莞	779.6	259.9	304.6	29.5%	68.6%	0.3
珠海	183.6	52.5	68.7	88.2%	10.7%	1.2
佛山	775.1	221.4	298.1	54.9%	44.3%	0.7

注：户均人数参考各市2018年统计年鉴，广州3.06人、深圳2.46人、东莞3人、珠海3.5人、佛山3.5人。

资料来源：各城市统计公报；国信达数据库。

大湾区核心城市人口快速增长带来的新增住房需求和已有住房居民改善型需求持续增加，使新建商品住房供应不足的问题较为突出。以深圳为例，2015～2019年，深圳常住人口年均增长50万人以上，每年引进的各类人才占新增常住人口的一半左右。高素质年轻人大量进入深圳意味着深圳的有效住房需求在不断扩大，按照深圳每户2.5人①计算，年新增住房需求高达20万套，而深圳每年新增的商品住房约为5万套，住房市场供需失衡严重。受自身区位禀赋限制，深圳可用的建设用地资源极其缺乏。由于长期高强度地开发土地，目前建成区面积接近行政区面积的50%，已达到土地开发的极限。除去生态、

① 《深圳市2015年全国1%人口抽样调查公报》，2015年末全市平均每个家庭户的人口为2.5人。

道路等用地外，深圳市的人口密度达到2万人/平方千米，是上海的2倍、广州的4倍和北京的8倍。受土地开发强度等因素制约，深圳新建商品住房销售面积早在2005年就出现了峰值，此后总体呈下降趋势。由于新建商品房供应不足，2018年深圳新建商品房销售面积不足2005年峰值时的30%（见图1.1）。

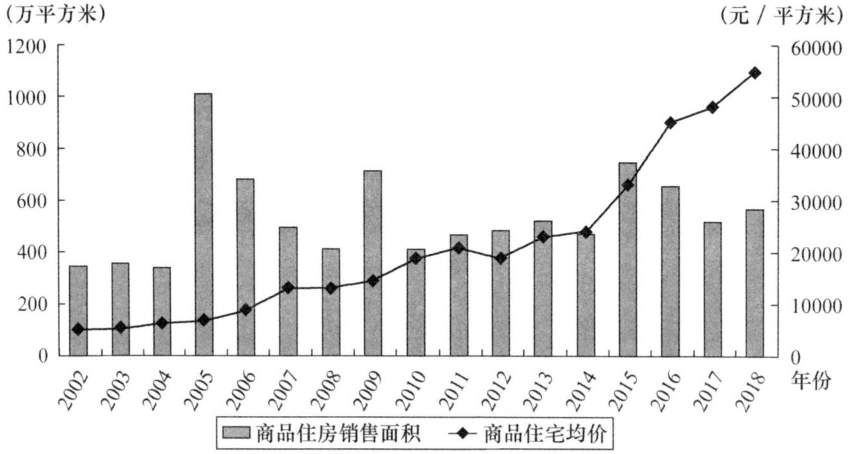

图1.1　深圳市商品住房销售面积与新建商品住宅销售均价（2002～2018年）

资料来源：深圳市统计局。

商品房供应不足是大湾区核心城市房价高企的主要原因。商品房供不应求且不断有新的需求涌入，导致深圳、广州、香港等大湾区核心城市房价畸高，房价收入比显著攀升，居民的住房支付能力严重不足（见表1.2）。相比之下，佛山等商品住房供给充足且占住房比重较高的城市，房价水平则相对稳定。新冠肺炎疫情暴发后，货币政策的调整、利率的下行带来较强的房价上涨预期，在土地稀缺、商品住房长期供应不足的条件下，深圳对金融条件的变化反应更加敏感，房价出现新一轮上涨。

商品住房供应不足也是大湾区住房自有率低的主要原因。根据贝壳研究院的数据，大湾区有3500万人无自有住房，住房自有率仅为53%，远低于全国平均水平。除肇庆、江门、澳门外，其他城市住房自有率均低于60%，其中深圳仅为23.7%，东莞为35.7%（见图1.2）。

表1.2　　粤港澳大湾区各城市住房发展情况比较（2018年）

	城镇居民人均住房面积（平方米）	商品住房均价（元/平方米）	房价收入比	平均租金（元/平方米×月）
佛山	43.9	10762	6.06	28.4
广州	34.2	21582	11.76	53.1
深圳	21.8	55441	39.17	78.3
珠海	32.5	22633	12.75	35.0
惠州	—	10717	9.03	25.0
东莞	23.8*	18033	11.85	28.5
中山	—	12083	8.25	23.9
肇庆	37.6	7015	6.53	22.1

注：东莞市人均住房面积是2019年的数据。惠州和中山的人均住房数据缺失。

资料来源：各市统计局、中国房地产业协会。

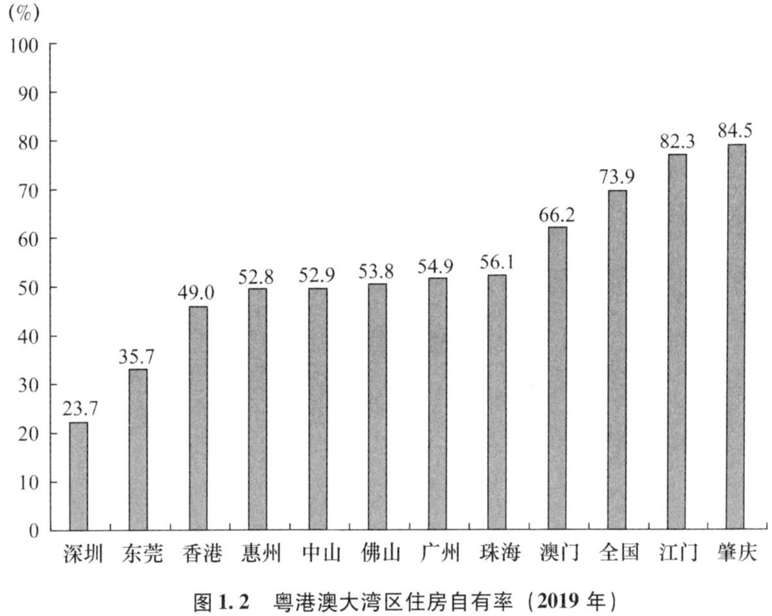

图1.2　粤港澳大湾区住房自有率（2019年）

资料来源：贝壳研究院。

二、租赁住房供应以非正规住房为主，价廉但品质较差

大湾区主要城市中“城中村”规模较大，“城中村”出租屋与集体宿舍等非正规住房在大湾区的住房供应中占据了重要位置，是租赁住房供应的主要来源，以低廉的价格满足了租赁需求。“城中村”也成为天然的流动人口聚居区。根据“2015 年全国 1% 人口抽样调查”数据，粤港澳大湾区的 9 个城市，集聚了 2944 万流动人口①。1822 万流动人口住在“城中村”出租屋②，还有相当比例的流动人口住在务工企业提供的集体宿舍内。以深圳为例，“城中村”租赁住房占到住房租赁市场的 62.6%，另有 17.9% 为务工企业的集体宿舍③。东莞登记备案的出租住房约 27.6 万栋（套），可容纳约 460 万外来人口，其中“城中村”出租屋占总数的 80% 以上④，还不包括大量未登记备案的“城中村”出租屋。

“城中村”住房租金水平显著低于商品房。比如，东莞“城中村”出租屋月租金约为 13 元/平方米，不到商品房月租金（29 元/平方米）的一半。在房价畸高的深圳，“城中村”出租屋月租金在 40 元/平方米以内，而商品房租金达 80 元/平方米。“城中村”出租屋的流转速度也显著高于商品房，平均空房时间为 1 ~ 3 周，而商品房为 2 ~ 4 周，

---

① 广东省统计局：《“十二五”时期广东人口发展状况分析》。

② 广东省住建厅：《广东省城中村现状及改造情况调研报告》，内部报告（2017 年 11 月）。

③ 张玮：“深圳城中村租赁住房占比超六成，租金基本稳定在 40 元/平方米以内”，《南方日报》2018 年 12 月 29 日。

④ 黄慧萍：“东莞房地产市场调控压力较大，住房租赁新政有利于减轻调控压力”，《南方都市报》2020 年 5 月 9 日。

部分区位较好的“城中村”出租屋，则常年处于满租状态，很少闲置[①]。宅基地上出租屋丰厚的租金回报也显著增加了本地村民的收入。

需要指出的是，“城中村”出租屋等非正规住房虽然价格低廉，但居住品质较差，普遍存在基础设施配套不完善、卫生状况较差等问题，仅能满足流动人口的基本居住需求。换言之，是“有的住”，但“住不好”。随着珠三角产业转型升级加快，以及流动人口从单身式迁移向举家迁移转变，租赁需求出现结构性分化，企业白领、高管以及已婚流动人口对成套租赁住房的需求增加，而品质较高的成套租赁住房则供给不足。以佛山为例，截至 2018 年底，佛山共登记流动人口 514 万人，列管出租屋 43 万栋（套），合计出租 240.5 万个单位，平均 2.14 人一个单位[②]，尚未达到“一间房”的平均水平[③]。虽然总量并不宽裕，但有 1/3 的“城中村”出租屋空置，部分低端租赁住房处于结构性过剩状态。此外，流动人口对子女就学等公共服务的需求也越来越迫切，享受子女就学尤其是到优质学校就学等公共服务则需要购买商品住房乃至学区房。这些都是租住非正规租赁住房无法实现的。

三、住房保障仍有待扩大覆盖人群，完善保障方式

从住房保障的覆盖范围看，粤港澳大湾区的户籍家庭基本上已经做到应保尽保，特别是公租房供应对户籍中低收入家庭已实现应保尽

① 张玮：“深圳城中村租赁住房占比超六成，租金基本稳定在 40 元/平方米以内”，《南方日报》2018 年 12 月 29 日。

② 杨韵仪：“去年佛山常住人口增长 43.54 万人”，《南方都市报》2019 年 2 月 27 日。

③ 在美国，每个房间平均居住人数超过 1 人，则被视为住房拥挤。

保。截至2018年11月，广东省有73.43万户、100多万住房困难人口享受到了住房保障；2012~2017年，广东省新开工保障房18.6万套，新建棚改安置房26.4万套[①]。除了政府投资新建外，佛山等地还先后探索“三旧”改造项目配建、企业利用自有土地投资建设、在工业园区配建、利用农村集体建设用地建设、长期租赁、政府或集体物业改建等多种建设形式。总体来看，住房保障仍以“补砖头”即建设保障房为主，“补人头”即货币化补贴比例仍然很小。2012~2017年广东省新增发放租赁补贴3.8万户，同期新增实施住房保障34.38万户，货币化补贴比例约为11%[②]。

近年来，粤港澳大湾区住房保障范围有所扩大。一是以住房保障吸引人才。如深圳60%以上的保障房面向人才供应，并发放货币补贴20.3亿元，向重点企业配租1.8万套，惠及24万人才[③]。二是从低收入人群扩大到中低收入人群，从户籍人口扩大到外来农民工等非户籍人口。其中，青年医生（8972户）、青年教师（10127户）、公交车司机（3115户）等中低收入人群享受到了住房保障，外来农民工中有83960户享受到了住房保障（见图1.3）。考虑到大湾区核心城市流动人口数量庞大，不少城市甚至远超过户籍人口，住房保障对非户籍常住人口家庭的覆盖面仍有待提高。

大湾区住房保障还存在结构性的空间供需错配问题。如深圳大部分保障房供应集中在龙华、龙岗、坪山等特区外区域，住房保障需求最为集中的南山、福田、罗湖三个区房源却很稀缺，导致保障房不足与保障房闲置现象同时存在。其他非热点城市的保障房因位置偏僻而

---

①②③ 广东省住建厅：《广东省住房保障建设发展规划（2018—2022）》。

闲置的状况同样存在，不少符合条件的家庭宁愿选择区位便利的“城中村”出租屋租住。

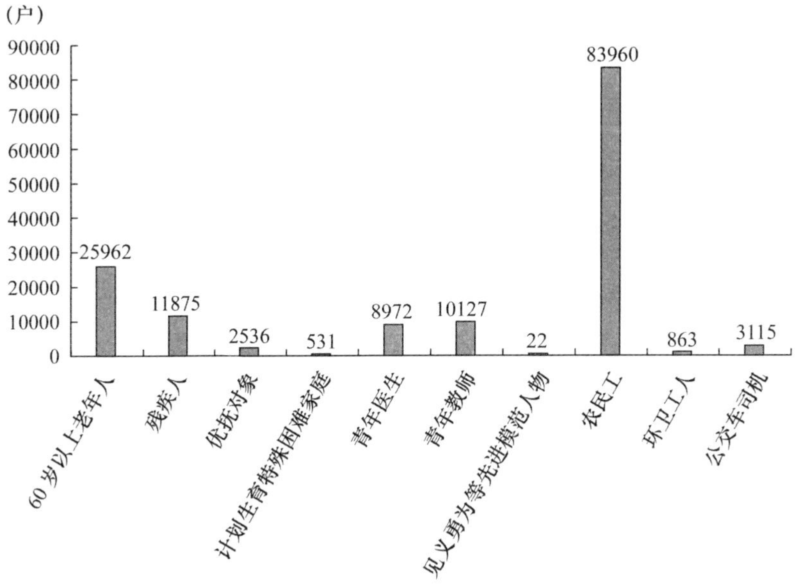

图 1.3 广东省住房保障对象

资料来源：广东省住建厅：《广东省住房保障建设发展规划（2018—2022）》。

四、政策建议

住有所居是粤港澳大湾区高质量发展的重要保障。面对大量的住房改善需求与持续涌入的外来人口，建议相关地区政府积极利用互联网大数据对人口变化情况进行动态监测，科学研判大湾区住房需求的数量与结构变化趋势，在统筹协调基础上，进一步完善大湾区住房供应体系，满足多层次、多样化的住房需求。

一是增加商品房的供应，发挥商品房在解决住房问题上的主渠道作用。抓住大湾区核心城市商品住房供不应求这一主要矛盾，增加住宅用地供应比重并适当提高住宅用地容积率，特别是提高供求矛盾突出的热点片区的商品住房用地供应规模和占比。国有土地上新建住房宜全部为商品住房，通过促进商品房市场供求平衡使市场价格保持在合理水平。在住房供应结构上，坚持普通商品房为主，形成不同价位、不同层次的商品住房，通过市场化的方式满足大多数群体的住房需求。

二是通过加快“城中村”改造、积极盘活存量房屋用于租赁等方式，增加租赁房屋供给，提升租赁住房品质，继续保持租金方面的优势，不断提升租赁满意度。“城中村”是目前吸纳大湾区租赁人口的主渠道，但要重点解决居住品质不高的问题。建议选择区位较好的“城中村”，借鉴中国台湾地区“区段征收”的做法，即以部分土地国有化为前提，要求村集体、村民等原土地权利人上缴一部分土地作为公益设施用地与基础设施融资用地，剩余部分进行确权开发、改造提质，全面提升“城中村”出租屋等非正规住房的公共设施配套，增加高品质租赁住房供给。此外，积极盘活存量房屋用于租赁，通过税收优惠、水电气执行民用价格等方式鼓励市场主体将低效工业厂房、办公房等改造为租赁住房。充分调动持有多套住房家庭的积极性，鼓励他们把多余存量住房投入住房租赁市场。

三是要进一步完善住房保障体系，逐步从“补砖头”为主向“补人头”为主、多种方式并存转变。通过扩大货币化补贴范围，实现住房保障覆盖面扩围与效率提升，更好地满足保障对象区位选择方面的要求。打通租赁型保障房与产权型保障房之间的政策通道，合理控制政府保障房持有规模，并探索将部分保障房交给市场机构运营，减轻政府财务压力。继续推进深圳、广州、珠海、佛山的共有产权房试点，完善相应的退出机制。

四是要加快形成区域一体化协调供给机制。针对深圳等大湾区热点城市土地资源极度匮乏、用地成本不断攀升的情况，建议建立大湾区住房供应和调控协调机制，结合大湾区新增住房需求特点，统筹推动大湾区区域范围内产业与住房的合理配置。一方面，深化广佛肇合作区、深莞惠一体化等既有的区域合作，推动深圳、广州的部分产业向周边的惠州、东莞、佛山、肇庆等地转移；另一方面，加强广佛肇、深莞惠等邻近区域的基础设施互联互通，推进邻近区域与住房相关的公共服务同城化，特别是教育公共服务的同城化，以广佛肇、深莞惠交界区为试点区域，探索幼儿园、中小学校配套等教育资源同城化配置，以此为契机促进各类要素资源在大湾区区域内的优化配置，有效缓解广州、深圳等热点城市的住房压力。

进一步完善大湾区住房供应体系，有利于抑制核心城市房价过快上涨，提升住房品质，实现更高水平的住有所居。解决核心城市商品住房供不应求的问题需要时间，因此在完善大湾区住房供应体系的过程中，还需要抓住金融和土地这两个影响住房市场发展的核心因素，按照“因城施策”的要求，根据市场形势的变化适时调整完善相关政策，实现“稳地价、稳房价、稳预期”的目标。

执笔人：邓郁松　王瑞民　牛三元

专题报告二

完善城市群住房体系，推动成渝双城经济圈发展

中央财经委员会第六次会议指出，推动成渝地区双城经济圈建设，有利于在西部形成高质量发展的重要增长极，打造内陆开放战略高地，对于推动高质量发展具有重要意义。在以城市群为主体的高质量城市化发展阶段，成渝城市群既要坚持城市在房地产市场平稳健康发展中的主体责任，落实“一城一策”，也要积极完善城市群住房体系，加强政策协同，推动成渝双城经济圈发展。

一、成渝城市群的主要特征

2016 年 4 月，国务院批复同意《成渝城市群发展规划》，建立起以重庆、成都为中心，包括重庆市的渝中、万州等 27 个区县和四川省的成都、自贡等 15 个城市的城市群。2020 年 10 月 16 日，中共中央政治局召开会议，审议《成渝地区双城经济圈建设规划纲要》，将成渝城市群发展推上了新台阶。

（一）城市群结构初步形成，核心城市首位度高

随着城市化的不断发展，2019 年底，四川省已形成由 1 个超大城

市、6个大型大城市、11个中等城市、129个小城市和1531个小城镇构成的城镇体系。重庆市已形成“两江四岸”核心区、9个中心城区、21个主城都市区以及若干个支点区县的梯次结构。成都和重庆的中心区首位度较高。2019年重庆市中心区GDP总量占全部38个区县的39.5%；成都市GDP占四川省的比重达到了36.5%，在各省会城市中排名仅次于长春和哈尔滨，远高于广州、南京和济南等城市群省会城市。

（二）人口既向核心地区集聚，又受到其他城市群吸引

2018年，成渝城市群常住人口整体已突破1亿人，在19个城市群中排名第5位；常住人口城市化率也达到了57.9%。成渝城市群人口体现出两个主要特征：一是人口向核心城市快速集聚。近十年来重庆市中心城区和成都市常住人口增速明显高于城市群整体水平（见图2.1）。根据京东数科《2019中国人口迁移和城镇化发展研究报告》，成都和重庆的人口净流入明显，主要来自周边四线及以下城市。二是人口受其他城市群吸引外流。据统计[①]，2018年四川省有1553万外出农民工，占农民工总数的71.8%。广东、浙江、福建是三个主要流入省份，表明珠三角、长三角和海峡西岸城市群对成渝城市群人口具有很强的吸引力。

（三）产业体系完善，经济发展潜力大

2018年，成渝城市群GDP总量约为5.75万亿元，在19个城市群中排名第7位。目前成渝城市群正在形成以成都为核心的医药、化工、能源以及服务业的集聚地和以重庆为核心的制造业、物流运输基地。

---

① 2019年10月四川省“数字三农”发展论坛发布的《农民工外出务工数据分析报告》和国家统计局四川调查总队发布的《新中国成立70周年四川民生经济发展成就系列报告》。

其他城市也有机械、冶金、电子等支柱产业。但与长三角、珠三角等成熟城市群相比，成渝城市群仍处于快速发育期，食品、化工、纺织等传统产业占比较高，商贸流通、房地产等传统行业占服务业比重大。成渝城市群在研究经费支出占比、人均专利拥有量、A + H 股上市公司市值等方面也落后于成熟城市群，发展潜力较大。

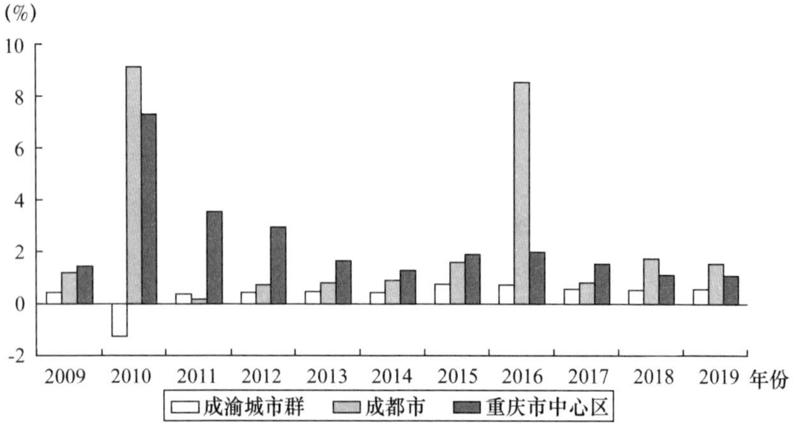

图 2.1　成渝城市群及其核心城市常住人口增速（2009～2019 年）

资料来源：Wind 数据库。

二、成渝城市群住房体系主要特征

（一）商品住宅量大价低，市场总体平稳

据统计，2018 年成渝城市群商品住宅销量为 14513.9 万平方米，在 19 个城市群中仅次于长三角城市群和中原城市群。重庆市和成都市在 2018 年的商品住宅销量分别位列全国第 1 位和第 3 位，2005～2018 年商品住宅累计销量分别位列全国第 1 位和第 2 位。较高的销量背后是较高的住宅用地供应量和房地产开发投资规模。据统计，2000～2017 年重庆市和成都市的住宅投资总规模分别位列全国第 2 位和第 12

位，2009~2017 年重庆市和成都市的住宅用地供应量分别位列全国第 1 位和第 12 位。由于商品房供应量较大，成渝城市群居民的购房负担不重，房价收入比[①]不高（见图 2.2）。与京津冀、珠三角、长三角、海峡西岸等城市群相比，成渝城市群核心城市房价收入比与城市群整体水平相差不大（见图 2.3）。

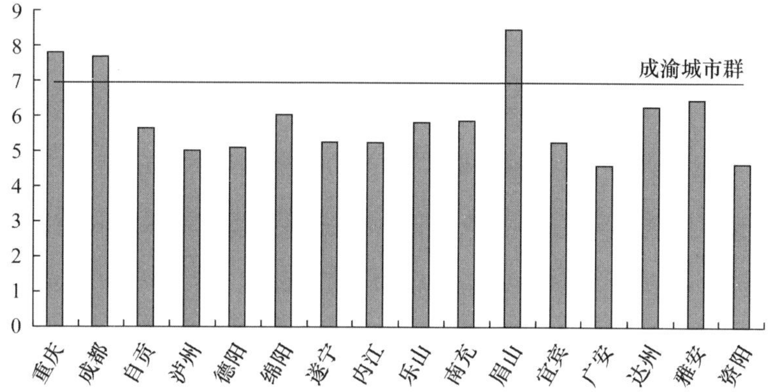

图 2.2　成渝城市群各城市房价收入比（2018 年）

资料来源：各城市统计年鉴。

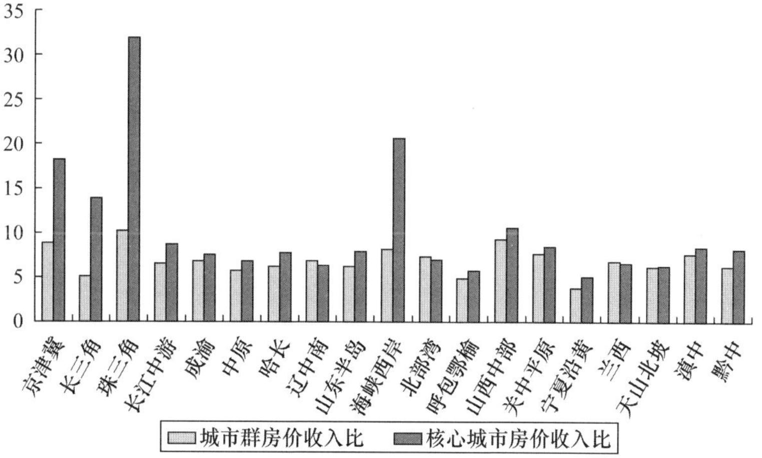

图 2.3　19 个城市群和核心城市房价收入比（2018 年）

资料来源：各城市统计年鉴。

① 房价收入比 =（商品住宅均价 ×100）/城镇居民人均可支配收入 × 户均人口。

（二）住房需求基本满足，城市间差异较大

根据住建部门提供的数据推算，成渝城市群 15 个城市城镇常住人口户均住宅套数约为 1.05 套，住房需求基本满足。城市间住房情况差异明显：自贡和德阳市套均面积较小，分别仅有 63.8 平方米和 61.5 平方米，远低于其他城市 85 ~ 110 平方米的水平。成都市和重庆市城镇常住居民人均居住面积分别为 37.1 平方米和 36.53 平方米，略低于全国 39 平方米的平均水平。

（三）房地产市场联系紧密，来自中西部省份的购房者较多

成渝城市群各城市间房地产市场联系较为紧密，对中西部其他省份的购房人群也有一定的吸引力。以成都为例，近三年成都本地购房面积占比平均为 74.1%，市外省内人员占比为 20%，省外人员占比为 5.9%。省外购房人员中，来自重庆、湖北、河南、甘肃、新疆等省份购房者位居前五名（见图 2.4）。成都作为房价较为温和的新一线城市，对湖北、河南等中部省份人口的吸引力较强。四川自然环境条件相对优越，对甘肃、新疆等地人群也产生了较大的购房吸引力。

其他城市购房来源情况差别比较明显。成渝城市群外地购房人员占比超过全省平均水平的城市共 6 个（见图 2.5），分别为：南充（35.3%）、德阳（32.2%）、成都（25.9%）、绵阳（23.7%）、资阳（22.6%）、眉山（22.4%）。其中，资阳和眉山两市属于成德眉资经济圈，距离成都近，对因限购政策无法在成都购房的外地人员有较大吸引力；乐山主要依靠丰富的旅游资源吸引以旅游度假、养老为目的的重庆等省外人员；德阳、绵阳主要吸引以养老为目的的青海、西藏等省外人员；遂宁、内江和达州等城市对省外购房人群的吸引力较弱，以本地需求为主。

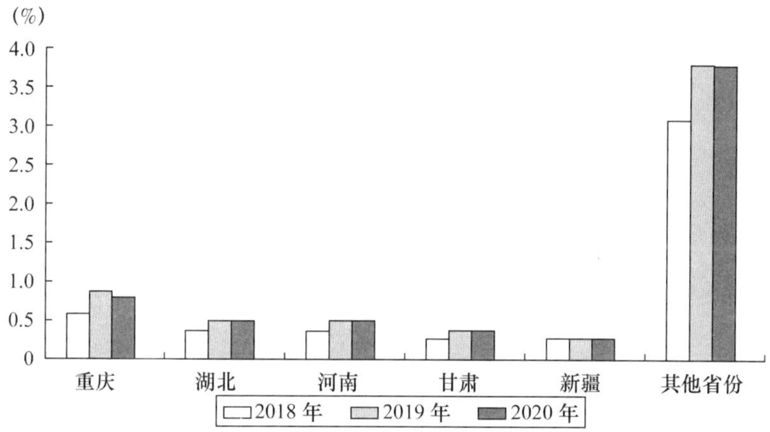

图 2.4　成都市省外购房人员来源占比情况统计

资料来源：贝壳找房。

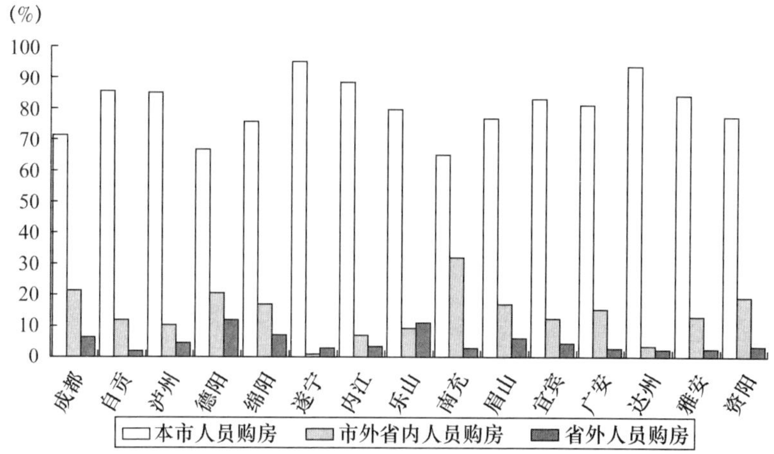

图 2.5　成渝城市群各城市购房人员来源情况统计（2019 年）

资料来源：贝壳找房。

三、成渝城市群住房体系建设的主要做法

四川省和重庆市的住建部门为推动成渝城市群住房体系建设进行了积极探索，主要集中在建立合作平台、共享市场信息、公租房全覆盖、公积金一体化、政策规划协同五个方面。

（一）建立住房体系建设合作框架

2020年10月，四川省住建厅和重庆市住建委合作签署了《川渝地区协同推进房地产市场平稳健康发展战略合作协议》，将在构建战略合作机制、加强政策协同联动、共享房地产领域信息、支持川渝籍人才购房、共建房地产展示平台、推进诚信体系建设六个方面开展战略合作。四川省和重庆市的房地产业协会等多个社会团体联合签署了《服务成渝地区双城经济圈建设房地产行业协会战略合作协议》。

（二）建立房地产市场信息共享平台

作为合作协议的组成部分，两地住建部门共同发布了全国首个跨省房地产信息共享平台——川渝两地房地产展示平台。该平台通过实现VR带看和直播看房等功能，在全国率先实现了跨省域房地产项目和房源信息共享，并优化了网签办理流程。目前该平台已展示项目349个，其中四川省150个，重庆市199个，共上线房源2800万平方米。

（三）推动成渝公租房保障全覆盖

以推动成渝双城经济圈公租房保障范围常住人口全覆盖为纲领，四川省和重庆市积极探索公租房领域的合作，签订了《川渝住房保障工作合作备忘录》，在建立常态化的联络机制、完善住房保障体系、开展全覆盖课题研究、跨区域异地申请、保障信用体系共享等方面达成共识、全面推进，力争实现一地申请、全圈互认、落地即保障。

（四）推进川渝公积金一体化

四川省住建厅和重庆市住建委分别印发了《深化川渝合作推动成

渝地区双城经济圈住房公积金一体化发展工作方案》和《深化川渝合作推动成渝地区双城经济圈住房公积金一体化发展工作机制》，组建了一体化发展联合办公室。川渝两地的遂宁—潼南—大足—资阳、达州—广安—合川、万州—达州—开州—梁平等17个公积金中心先后进行了对接交流座谈，其中7个公积金中心签署了住房公积金一体化发展正式合作协议。公积金跨区域转移接续和互认互贷机制在两地间进一步落地落实。通过“人审”转为“机审”，“两地跑”变为“一地办”，办理时间从1个月压缩至2~3个工作日，实现了“账随人走、钱随账走”。

（五）加强政策规划协同、推动毗邻地区合作

川渝两地共同开展《成渝地区双城经济圈国土空间规划》编制工作，并签署深化规划和自然资源领域合作协议，推动解决区域发展空间布局上的重大问题。通过出台《关于推动毗邻四川的区县加快融合发展的指导意见》《川渝毗邻地区合作共建区域发展功能平台推进方案》等指导文件，因地制宜，提出高滩茨竹新区、遂潼一体化发展先行区、万达开川渝统筹发展示范区、明月山绿色发展示范带等9个合作平台，统筹指导13个毗邻区县与四川6个地市融合一体化发展。

四、成渝城市群住房体系发展面临的问题

（一）城市化水平整体不高，城市群竞争力不强

根据各省市统计局公布的数据，成渝城市群的城市化水平整体不高，2018年城市化率为57.9%，低于全国59.58%的水平；整体竞争

力也不强，2018 年成渝城市群常住人口总量在 19 个城市群中排名第 4 位，但 GDP 总量排名第 7 位，是长三角城市群的 31.1%、珠三角城市群的 65.3%、京津冀城市群的 66.3%；每平方千米产出仅排在第 8 位。城市化率和 GDP 规模，既表明城市群发展空间比较广阔，也表明人口容易受到其他城市群的吸引而使城市化进程迟滞。一个具体表现是农民工在城市或县城购房，但长期外出务工，导致住房空置率较高，配套设施利用率低、物业管理混乱。此外，川渝地区的人口老龄化问题不容忽视。根据重庆市统计局和四川省统计局发布的数据，2019 年重庆市和四川省 65 岁以上老人占常住人口比例分别为 14.96% 和 14.42%，排全国第 3 位和第 5 位，影响城市群竞争力。

（二）城市群一体化有待加强，双核独大现象突出

城市规划方面，促进两市“相向而行”的成都市《东部新城空间发展战略规划》和重庆市向西发展战略刚开始实行。基础设施方面，围绕双核城市结构的交通基础设施还处于补短板阶段，成渝两市通道建设相对滞后。例如成渝间高速公路收费标准尚不统一，川南片区城市快轨缺少和渝西地区对接。产业布局方面，地区间产业门类趋同，存在同质化竞争。重庆和成都工业增加值占比前十的产业类型相似，电子设备制造业和汽车制造业合计工业增加值贡献率均接近 40%；渝西川东地区的荣昌区、内江市、泸州市均把装备制造、生物医药等作为主导产业。城市发展方面，成渝两市“双核独大”现象突出，起支撑和过渡作用的次级城市发育不足，各市区人均 GDP 沿成渝轴线呈“哑铃”状结构，存在“中部塌陷”现象。周边城市难以承接核心城市产业转移和人口疏解，被动增加成渝房地产调控和保障压力。

（三）住房体系不完全适应双城经济圈发展要求

虽然成渝城市群住房需求已基本满足，但结构性失衡依然存在，不能充分适应双城经济圈的发展要求。一是商品房供给滞后于需求变化。近年来，成都市人口连续净流入，超过80%是刚需购房，无房家庭比例为46%，仍以中小户型需求为主；但随着“7090”政策①取消，小户型供给偏少。绵阳、遂宁等本地购房占主导的城市，低密度、高品质、大户型的改善型需求明显增长，但供给尚处于低总价、小户型的同质化竞争状态。二是租赁住房发展差异大。根据58安居客房产研究院发布的《2017—2018成渝租房市场报告》，成都市大面积、高租金房源占比较高，但需求集中在低总价、小户型区间。城市群中的三、四线城市外来人口少，住房租赁发展空间有限。三是住房发展品质不高。老旧小区存量较大，对高层、高密度老旧小区的改造模式还在探索中。住房规划理念不够先进，住房配套设施水平还不够高，住房产业化水平还有待提升。

（四）川渝政策环境不同，调控和保障思路存在差异

四川省和重庆市的住房发展政策体系存在明显差异，相比而言，重庆作为直辖市政策基础更好。一是房地产市场调控政策思路存在一定差异。重庆市的房地产市场调控政策组合主要包括积极供地、差异化信贷、房产税等经济手段，而成都市则以限价、限购、限售等行政手段为主。二是住房保障发展存在差异。重庆市公租房存量规模相对较高，城镇常住居民每万人拥有公租房184.1套，而四川省为146.3套。四川省对公租房申请人的收入水平有所限制，而重庆市并不限制收入。

---

① 自2006年6月1日起，凡新审批、新开工的商品住房建设，套型建筑面积90平方米以下住房面积所占比重，必须达到开发建设总面积的70%以上。

（五）缺乏政策协同，阻碍“一城一策”充分落地

成渝城市群内房地产企业面临的政策环境不同。例如成都市允许已取得预售许可证的商品房办理在建工程抵押、已抵押在建工程办理预售，但重庆对以上行为均禁止，导致房企资金链承压情况不同。调研发现，成渝城市群内一些中小城市对房地产税收和土地财政依赖度较高，担心调控过严导致房企转移至相邻城市，因此陷入“囚徒困境”，预售资金监管等部分政策工具不敢用、用不足。

五、政策建议

应认清住房体系发展中城市主体责任和城市群区域协同的辩证关系，发挥好住房的基础性作用，把握成渝双城经济圈发展新机遇，释放成渝城市群新增长极发展潜力。

（一）积极优化城市群结构，引导产业合理布局

针对成渝城市群城市结构中“双核独大”的特征，建议以培育省域副中心城市为抓手，优化城市群结构，促进城市群内大中小城市和小城镇协同发展。引导核心区产业升级和城市群产业合理布局，增强城市群竞争力，留住外流人口。充分发挥成渝城市群房价收入比低的竞争优势，吸引人才落户。在土地指标和住房政策上应为未来的城市化增量留足空间。

（二）完善住房体系建设，优化住房供给结构

积极适应城市群内部的需求分化特征。成都、重庆等中心城市住宅开发投资成本较高，未来国有住房建设用地宜全部建设商品房，通

过利用集体建设用地、积极盘活存量、非住宅改造等方式保证低租金、小套型的租赁住房供给，持续增加对新市民的住房保障力度。对本地住房需求占主导、人口增速慢的城市，应提高政策和规划弹性，优化商品房产品结构，形成不同需求的合理搭配；适当发展租赁住房，住房保障以货币补贴为主，避免形成过量的保障性住房。

（三）持续提升居住品质，服务“老人”和“老房”

提升商品住房开发品质，增加住房全装修、绿色建筑和装配式建筑的占比，提升住宅科技含量。积极应对人口老龄化趋势，拓展社区生活服务和养老服务。针对成渝城市群存量老旧小区面积较大，特别是重庆市高层、超高层老旧建筑存量较高的情况，应积极推进城市更新和老旧小区改造，探索改造模式。

（四）加强政策协调联动，推进成渝一体化

建议进一步完善工作机制，推进部门协同。在现有处室牵头、人员互派、定期交流机制的基础上，四川省住建厅和重庆市住建委进行更广泛的合作。进一步推动保障体系全面覆盖，在公积金一体化发展合作的基础上，协同开展涉及公积金领域的司法扣划工作，建立治理违规提取公积金核查联动机制。进一步加强政策协调联动，建立都市圈政策协同、城市群政策会商机制。探索将部分供需影响小、风险防范效果强的调控政策在城市群内统一部署实施。

执笔人：牛三元

专题报告三

构建长江中游城市群住房体系，助力中部地区高质量发展

长江中游城市群以武汉城市圈、环长株潭城市群、环鄱阳湖城市群为主体，面积约占全国的3.3%，2019年地区生产总值约占全国的9.4%。其在地理上承东启西、连接南北，是长江经济带的重要组成部分，也是促进中部崛起的重点区域。近年来，武汉、长沙等核心城市的新兴产业蓬勃发展，常住人口持续保持高位净流入，住房需求持续增长。长江中游城市群的住房总体存量高，供给相对充足，但供给结构与居民“住得好”的需求仍存在一定差距。面向城市群日益多元化的住房需求，需要针对不同层级城市的产业发展和人口流动情况，进一步完善住房供给体系，提升居住品质，增强居民获得感，实现更高水平的住有所居，助力城市群高质量发展。

一、长江中游城市群的主要特征

长江中游城市群作为中国重要的城市群之一，是中部地区崛起的重要空间载体，是带动中部地区大中小城市协调发展的重要依托。近年来，长江中游城市群整体发展态势良好，人口持续流入、产业转型

升级，特别是武汉、长沙和南昌这三个中心城市发展速度更快，与其他城市间的发展差距在持续扩大。

（一）核心城市人口数量、占比持续提升

近年来，长江中游地区经济快速发展，特别是武汉、长沙和南昌三个省会城市，信息技术、生物医药等产业发展较快，持续吸引人才流入。2010年以来，三市常住人口持续保持净流入，人口占全国的比重不断提升，到2020年分别达到0.87%、0.71%和0.44%（见图3.1）。武汉和长沙的常住人口总数均已超过1000万人，近5年人口流入数量在全国省会城市中名列前茅。

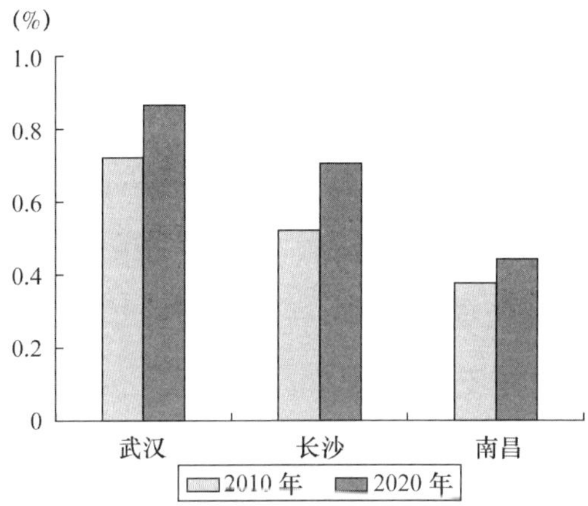

图3.1　核心城市人口占全国人口比重

资料来源：国家统计局；各省、市统计年鉴；各省、市第七次全国人口普查公报。占比由课题组计算。

（二）要素资源基础较好

长江中游城市群内有多所知名高校和科研机构，创新要素集聚优势显著。近年来，科技企业创新投入也持续增加。创新要素的不断积聚，为城市群发展提供了强有力的支撑，有助于城市群实现转型升级。

武汉、长沙这两个核心城市的医疗和教育资源相对充沛，居民的幸福感和获得感较高。以人均床位数衡量，武汉、长沙两市在全国主要城市中名列前茅；高等院校和中小学教育资源的数量和质量在全国也具有一定优势；房价收入比相对合理，居民整体生活负担较轻，消费意愿高。特别是长沙市，居民非居住消费率[①]在人均收入水平前15的城市中，仅次于广州。

（三）城市间能级差异大且持续扩大

长江中游城市群的各类城市能级差异大，核心城市的能级优势仍在进一步扩大。据课题组以城市群各城市历年统计数据测算，武汉、长沙、南昌三个核心城市与其他城市在地区生产总值、人口数量、新建住房数量上差距明显。2020年，武汉、长沙、南昌三市生产总值分别占所在省份生产总值的37.7%、29.3%和24.0%；若按占长江中游城市群整体比例计算，2020年武汉市生产总值占比17.4%，长沙市占比12.9%，南昌市占比6.2%。从人口来看，2020年，武汉常住人口为1232.7万人，占全省的21.3%；长沙常住人口为1004.8万人，占全省的15.1%；南昌常住人口为625.5万人，占全省的13.8%；占比分别比2010年提升了4.2个、4.4个和2.5个百分点。2020年，三市常住人口分别占长江中游城市群总人口的9.7%、7.9%和4.9%，分别比2010年增加1.9个、2.3个和0.8个百分点。从地区生产总值来看，三市占全省的比重分别比2010年提升了3.2个、1.5个和0.6个百分点，占城市群的比重分别比2010年增加1.6个、-0.04个和-0.1个百分点，武汉的区域中心地位进一步凸显。

发展优势明显的城市更容易吸引高素质人才，因此各类城市的就

---

① 非居住消费率=（消费支出-居住支出）/可支配收入。

业比例和就业质量也存在较大差距。以住房公积金缴存人口占比（实缴人数/常住人口数）衡量[①]，武汉市为20.6%，长沙市为19.8%，南昌市为13.7%，均远高于毗邻区域（见图3.2），表明就业比例和就业质量存在一定差距，城市群协同发展有待加强。

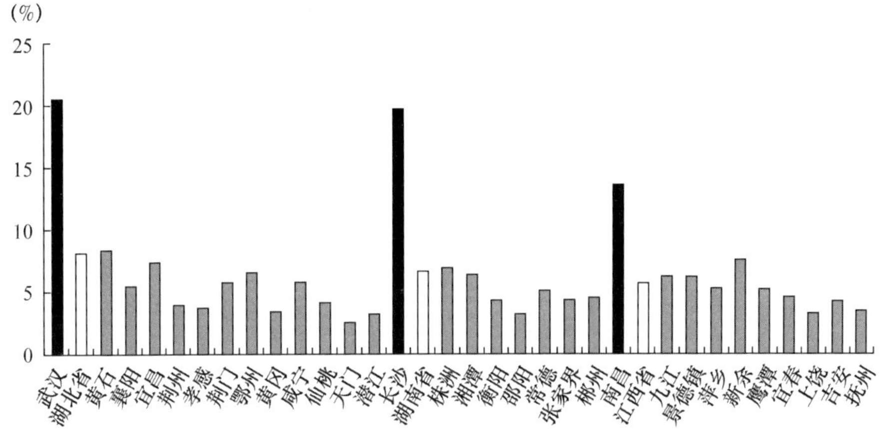

图3.2　长江中游城市住房公积金缴存人口占比

注：①湖北省、湖南省各城市数据为2019年数据，江西省各城市数据为2018年数据。②黑色标注为地区核心城市。

资料来源：各省住房公积金年报。课题组计算。

二、长江中游城市群住房体系现状

长江中游城市群在人口和产业快速集聚过程中，住房需求持续上升，同时，城市群内各城市的新增住房供给相对充裕，存量住房数量多，人均住房面积大。总体上看，各城市供需相对平衡，居民的居住负担处在合理区间。需要重视的是，在当前房地产调控体系下，长江中游城市群的住房发展面临一定的结构性矛盾。

---

① 其他代表性区域的缴存人口占比（2019年）：杭州43.6%（浙江省18.9%），深圳49.5%（广东省17.4%）。

（一）存量住房数量多，人均住房面积大

户均住房套数多。包括公房、经济适用房、商品房等类型住房在内，长江中游城市群内各城市的住房供给较为充裕。近年来土地和住宅供给也持续增长，特别是供给相对紧张的武汉，在过去的5年中也加大供给，为大量涌入的居民提供了多种居住选择。根据相关数据推算，包括部分核心城市在内，城市群内多个城市的户均套数（常住人口口径）超过1.1套，一些城市户均套数超过1.2套。户均住房套数高为居民居住提供了多种选择，房价和租金水平得以维持在合理区间；但一些地区也存在空置率较高的问题。

多市城镇人均住房面积超过了全国城镇平均水平。除湖北省部分地区人均住房面积不足36平方米外，长江中游城市群内多数城市的城镇人均住房面积已超过全国39平方米的均值，湖北襄阳、鄂州、咸宁，湖南株洲、湘潭，江西鹰潭、宜春、上饶等城市的人均住房面积接近50平方米（见图3.3）。

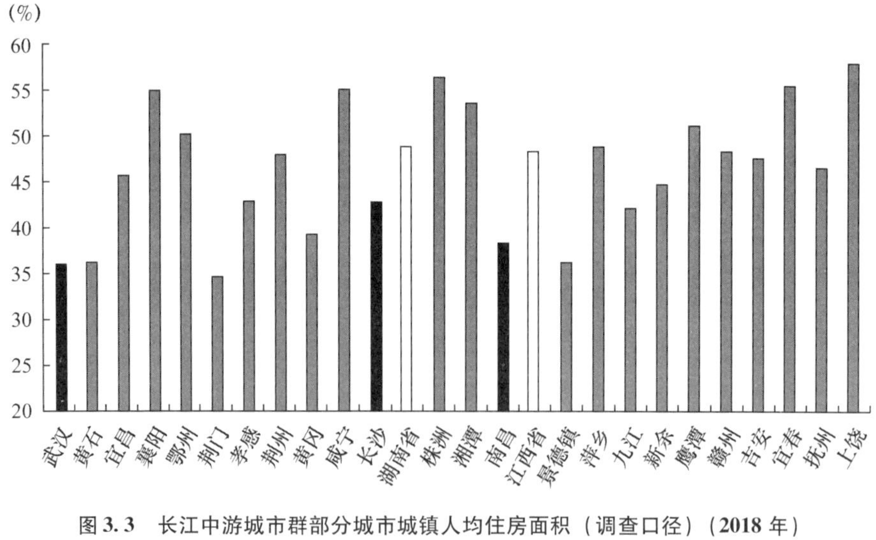

图3.3 长江中游城市群部分城市城镇人均住房面积（调查口径）（2018年）

注：①株洲、湘潭两市为2019年数据；②黑色标记为地区核心城市。

资料来源：各省统计局，国家统计局各省调查总队，湖南省住建厅，江西省住建厅。

（二）市民居住负担相对合理

房价收入比处在相对合理区间。长江中游城市群内各城市近年来商品房供应充足，价格相对平稳、合理。核心城市中，武汉市和南昌市的房价收入比约为8，长沙市约为5，湖北、湖南的其他城市房价收入比在4～6，江西其他城市在8～11（见图3.4）。

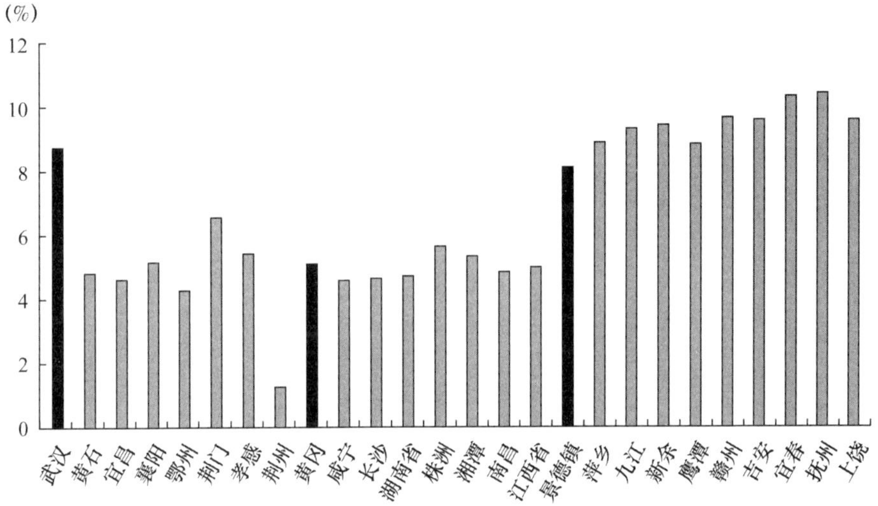

图3.4　长江中游城市群部分城市房价收入比（2018年）

注：①房价收入比统一按3口之家100平方米计算，具体公式为：商品住宅均价×100/（城镇居民人均可支配收入×3）；②武汉市使用2017年的数据；③黑色标记为地区核心城市。

资料来源：各市统计年鉴。课题组计算。

核心城市与周边城市的房价收入比差异不明显。与京津冀、长三角、珠三角等城市群相比，长江中游城市群核心城市的房价收入比与周边城市差异较小。武汉的房价收入比略高于周边区域，长沙与周边城市基本持平，南昌低于周边城市。

各城市优先满足新市民购房需求。针对长江中游各城市老市民住房自有率高、户均套数高的情况，各城市在近年来的房地产调控过程中实施了区别化的政策，限制有房家庭的过度购房行为，为新市民和其他刚需家庭购房提供更加便利、透明的市场环境。

（三）现有调控政策下住房供需存在结构性矛盾

商品房同质化程度高。各地实施对房价、地价的调控措施后，新建商品住房在房屋结构、价格等方面存在同质化趋势，导致消费者虽然面对很多的可选住房，但选择丰富性不足。同时，新增供给以中小户型为主，部分居民的改善性需求无法得到满足。

不同圈层房价阶梯度不明显，需求相对集中。在一系列调控政策下，长江中游城市群核心城市中心城区与周边区域的房价差异小。这加大了核心城市住房的相对吸引力，使需求更加集中。核心城市内不同地段、区位的房屋价格趋同，进一步加重了中心城区的调控压力。武汉、长沙、南昌三市均曾出现二手房价格超过新建商品房的“价格倒挂”现象。

周边城市房地产市场仍存在不同程度的去库存压力。前期核心城市房价快速上涨，带动周边城市房地产市场量价齐升，而随着市场回归理性，周边城市商品房销量、价格回落，部分城市非住房（如车位）去库存压力加大。由于长期形成的对土地出让的依赖，部分地区新建量超过预期消耗速度。

高品质、改善性需求的满足受到限制。受限价政策影响，新建住房在品质上的提升不足，在绿色低碳等领域的创新探索有限。从人口流动性看，长江中游主要城市对于30～39岁人群的吸引力相对提高（见图3.5），这部分人群收入水平较高，对生活品质的要求也相对更高；但受供给的影响，新老市民对于更高品质、更加绿色的住房需求没有被充分满足。

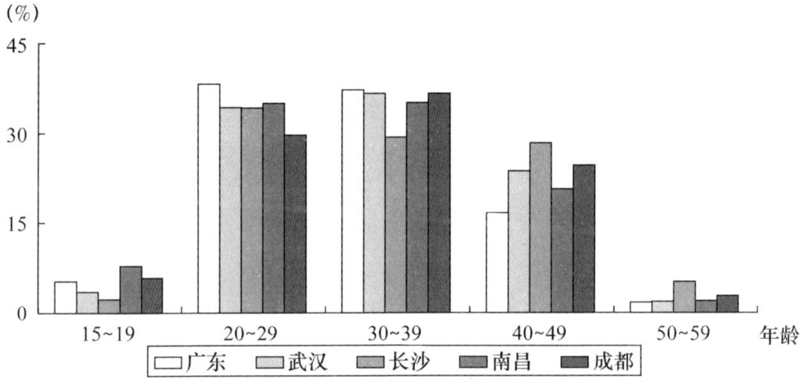

2011 年

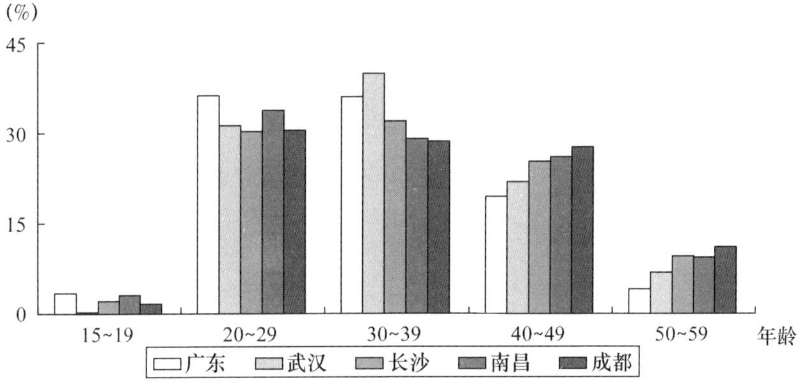

2017 年

图 3.5　按流入地分的流动人口的年龄构成

资料来源：国家卫健委流动人口调查（CMDS）。各城市年龄构成由课题组计算。

三、长江中游城市群住房发展面临的主要挑战

长江中游城市群住房体系建设具有良好基础，供需结构总体平衡，房价、租金水平基本合理，后续土地和住房供应潜力仍然较大。但也要看到，随着人口持续较快流入，城市群核心城市住房需求持续旺盛，中心城区土地资源供应受限的问题会凸显，住房供应会集中在非中心城区，职住平衡难度增大。另外，租赁市场标准化程度不高、

城镇老旧小区改造任务重也是长江中游城市群住房发展需要应对的挑战。

（一）核心城市人口持续流入，土地资源的稀缺性上升

核心城市的人口持续增加，带来大量刚性住房需求。以武汉、长沙为代表，长江中游城市以相对合理的居住成本、不断丰富的就业选择，成为中国人口流入的重要区域。长江中游地区的居民向核心城市流动，城市群辐射范围不断扩大。在整体产业调整过程中，城市群间人口流动加大，随着京津冀、长三角、珠三角等城市群生活成本增加、收入增幅下降，长江中游城市群将承载更多的流入人口，新增住房需求持续增加。

核心城市住房需求日益多元化，新市民的需求层次丰富。一是部分长三角、京津冀、珠三角城市群的高收入人群回流。这部分人的购买力强、品质需求高。二是刚毕业的大学生。这部分人的住房需求偏向小型化、租赁化。三是随着核心城市的功能不断完善、就业和收入结构变化，收入差距相对加大，住房需求层次性增加。四是老市民的住房需求。这部分人虽然住房自有率高，但也存在差异化的改善需求。

核心城市、中心区域土地资源日益紧缺。随着城市的快速发展，核心城市、中心区域土地资源会日益紧缺，未来新增住房供应的能力会受限。

（二）核心城市通勤效率低，职住平衡优势下降

长江中游城市大多跨江而治。随着人口快速增加，城市布局日益复杂，通勤效率提升面临困难，职住平衡优势难以为继。《2020 年度全国主要城市通勤检测报告》显示，武汉市内通勤距离的中位数要高

于超大城市中的广州和深圳，以及特大城市中的杭州、郑州、天津和西安等。长沙通勤距离的中位数要高于大型城市中的多数城市（如厦门、太原、哈尔滨、济南、大连和合肥）。

（三）城市群房地产市场政策协调机制尚未建立

随着城市边界的扩宽、交通等基础设施的便利，周边城市对核心城市住房市场波动的敏感性日益增加，如鄂州、黄石对武汉，株洲、湘潭对长沙。核心城市房地产市场调控政策、商品房市场供给数量和价格变化，都会对周边城市房地产市场产生影响，而目前城市群内部的各城市间还缺乏相应的政策协调机制。

（四）租赁市场标准化程度不高，供给多样性不足

核心城市租赁需求持续旺盛。随着核心城市快速发展，城市功能日益多元化，就业种类更为丰富；人口持续流入，人口在城市内的流动也更加频繁，特别是随着城市群内年轻人口的增加，租赁需求的占比将有所提升。从国际经验看，发达经济体的住房自有率在达到一定水平后会保持相对稳定，30% ~40% 的家庭以租赁的方式满足住房需求。

租赁供给主体发育不充分。以长沙市为例，2020 年底，长沙市场监管局批准的从事房地产经纪、住房租赁的企业有 1 万余家，其中办理了备案业务的不足 20% 。专业化租赁企业仅 26 家，规模化运营的租赁企业仅 4 家。租赁市场整体规范性不足，面对日益增加的租赁需求，居民的居住权益面临挑战。

租赁市场监管缺位。各地住建部门缺少专门的租赁市场监管主体；部分地区制定了租赁管理条例，但缺乏法律支持，对基于互联网、

跨区域执业的租赁机构也难以监管；租赁信息平台搭建滞后，缺乏必要的监管工具。

（五）城镇老旧小区改造任务重、压力大

城市更新为城市发展、居民生活提供新空间的紧迫性提升。长江中游城市群中，老工业城市多，老厂区、老房屋数量多，有提升居住品质需求的住户数量多。在长江中游城市群各城市功能不断完善、新产业新人口需要更优质的承载空间的要求下，需要通过老旧小区改造、老旧厂房更新等途径，提升现有住房品质，增加住房有效供给数量，优化城市土地的利用率。

圈层价差小，无法通过区域差价实现空间腾挪。包括核心城市在内，长江中游各城市的核心圈层与外圈层的价差小，特别是在调控政策下，价差大多不超过3000元。对低收入家庭而言，通过出售核心圈层房屋置换外圈层新建房屋以提升居住品质的可能性受限。

四、推动长江中游城市群住房体系发展的建议

长江中游城市群住房体系的发展，要着眼于促进住房体系与经济社会协调发展，实现城市群居民更高水平的住有所居目标，有效防范房地产市场风险，推动城市群住房市场长期健康平稳发展。未来需要在城市规划、人口、土地、住房等层面协同推进相关制度和政策调整。

（一）加强总体规划和政策协调，助力城市群一体化发展

加强城市群发展总体规划，探索产业、人口、土地协调发展的机制。促进产业、基础设施和住房资源的合理配置。加大民生导向的综

合投资和建设，保持并提升教育、医疗等方面的优势，更好地满足新老市民日益增长的美好生活需求。在现有省内统一管理的基础上，加强政策协调，建立城市间会商机制，探索房地产市场跨城调控的工作机制。

（二）提高存量资源利用效率，加强综合立体开发

长江中游城市住宅和商业办公用房总体存量较高，但使用率不高，核心城市土地使用效率仍有较大提升空间。建议引入高附加值的优势产业，充分利用城内空间进行孵化和发展。通过对现有楼宇资源的改造，提升住房供给的多样性。积极推动老旧小区改造、电梯加装工程，提升居民生活品质，增加租赁住房有效供给，为其他城市的更新改造提供经验。在老旧小区改造、交通枢纽改造新建等城市更新工作中，加强综合立体开发，提高中心城区的土地集约利用率，为城市未来发展留下空间。

（三）完善城市群住房体系，更好地满足居住需求

完善存量住房信息统计，更好地服务科学决策。长江中游部分城市已对中心城区进行了住房情况摸底，但大多数城市存量情况尚不清楚，城市总体房龄结构、房屋面积构成和居住情况无账本，难以满足更加科学、精准的住房政策需要。建议综合利用卫星图像数字识别、实地访问摸查等方式，加快做好住房存量情况的统计工作。

优化商品房供给结构。建设更加稳健、更具包容性的市场调控机制，为商品房市场多元化发展提供空间，更好地适应核心城市多元化的住房需求。根据城市人口流动趋势，合理调整土地供应节奏和区位。

健全租赁管理体制机制，引导租赁市场健康发展。加快租赁市场

的监管体系建设，以多种渠道增加租赁住房的有效供给，培育租赁市场主体，加强对租户的权益保护。

建立更加灵活的住房保障体系。理顺保障性租赁住房的准入退出机制，适当发展实物保障住房，提升货币补贴在保障体系中的占比，加强对现有存量房屋的利用。

执笔人：苏诺雅

专题报告四

国际主要城市群的演进与住房发展借鉴

目前，全球有三个世界级的城市群，分别是美国东北部城市群、美国西海岸城市群和日本环东京城市群（见表4.1）。

表4.1　　2015年国际三大城市群经济指标对比

	美国东北部城市群	美国西海岸城市群	日本环东京城市群
人口密度（人/平方千米）	1088	425	1191
人均GDP（万美元）	6.8	10.5	4.1
GDP增速（%）	3.51	2.7	3.61
第三产业比重（%）	89.35	82.76	82.27
全球金融中心指数	780	724	740
QS全球100强大学数*	2	3	2
港口集装箱吞吐量（万标准箱/年）	465	227	766
机场旅客吞吐量（亿人次/年）	1.3	0.71	1.12
代表产业	金融、计算机	互联网、生物	装备制造、化工

注：*由英国教育市场咨询公司（QS）每年发布。

资料来源：作者整理。

一、三大世界级城市群概况

美国东北部城市群是美国的经济核心地带，是世界级金融核心和国际航运中心以及美国的经济中心，被视为国际城市群之首。美国东北部城市群由纽约州、康涅狄格州、新泽西州的31个城市联合组成，面积达33484平方千米，人口超过6500万人。其中，曼哈顿是美国东北部城市群的核心，以金融和商务服务业为主导；位于城市群东北的康州地区是美国传统的制造业中心；位于西北的新泽西州是世界制药和医疗业中心。

美国西海岸城市群处于加州北部，是全球创新基地和高科技研发中心之一，谷歌、苹果、脸书等互联网巨头和特斯拉等高科技企业的全球总部所在地。美国西海岸城市群包含9个城市，总人口约768万人，面积约1.8万平方千米。美国西海岸城市群有三个中心城市，分别是位于半岛北端的旧金山、位于南湾的圣何塞以及位于东湾的奥克兰。其中，旧金山是美国西部最大的金融和工商业中心，拥有优步、爱彼迎、推特等知名技术公司以及大量尖端生物医药公司；奥克兰港是美国第五大集装箱货运港口；硅谷地区高新科技企业云集，包括谷歌、苹果、脸书、惠普、思科和英特尔等知名企业。

日本环东京城市群是日本最大的政治、文化、金融、商业中心，以贸易、金融服务、高新技术和尖端制造等产业为主，拥有全日本30%以上的银行总部和50%以上的大公司总部。其中，京滨、京叶是全日本最大的重工业和化工业基地。日本环东京城市群的东京港、川崎港、横滨港、千叶港和木更津港等港口的货物吞吐量占全日本货物吞吐量的约三成，原油进口量约占三成，天然气进口量约占五成。

二、美国东北部城市群的演进与住房发展情况

（一）美国东北部城市群的核心城市及其产业特征

纽约是美国东北部城市群的核心城市，也是美国工业革命最早开始的地区。17 世纪初，纽约通过港口通商积累了大量资金。19 世纪中期，美国开始了工业革命，纽约充分利用资本和劳动力优势，发展了皮革、服装、机械制造、食品加工等资本和劳动密集型产业。到了 19 世纪后期，纽约已经成为全美最大的制造业基地，一直持续到“二战”结束。20 世纪 70 年代，美国经济进入转型期，工业发展缓慢。1973 年的石油危机更是导致美国经济停滞和制造业的大规模衰退。从 20 世纪 60 年代到 90 年代，塑料、橡胶、制衣等制造业就业人数减少至原来的 1/3，个别行业萎缩达 70% 左右。从 20 世纪 70 年代后期开始，纽约都市圈服务业迅速发展。在第三次技术革命的推动以及金融、高校等资源优势的助力下，技术密集型和知识密集型生产性服务业集聚效应明显，逐渐成为第三产业的主体。同时，周边城市则承接了从纽约转出的制造业，形成了都市圈产业组织结构梯度发展的格局。

美国东北部城市群的另一个核心城市是费城。费城是全美第五大城市，也是曾经的美国首都所在地；其位置在美国东北部城市群的中部，是美国东海岸最重要的钢铁和造船基地，是美国重要的制造业中心；其主要产业包括国防、航空、电子、制药、教育和交通服务。费城也是重要的港口及交通运输业核心，港区岸线长达 80 千米，集装箱容量排名全美第二，货物吞吐量排名全美第四。

除核心城市纽约和费城以外，美国东北部城市群还受到位于西南部的政治中心——华盛顿的政治、文化影响力辐射以及来自东北部的

科技中心——波士顿的教育和技术辐射。四座核心城市产业分工明确，互相影响促进，使美国东北部城市群成为全球最具竞争力的城市群。

（二）美国东北部城市群空间结构变迁历程

根据张晓兰（2010）的研究，伴随着产业结构变迁，美国东北部城市群空间结构的演变经历了四个阶段。

第一阶段：1870 年之前孤立分散的城市发展阶段。这一阶段的美国经济以农业为主导方向，产业结构呈一、二、三格局；并且随着交通与工业的发展，大量的城外人口聚集到城市，城市规模迅速膨胀。但是各城市间的联系较少，彼此独立发展，整个地域空间板块结构极其松散。

第二阶段：1870 年后到 1920 年初的单中心城市体系形成阶段。这一阶段的产业结构主要以钢铁、煤炭等重工业为核心，产业结构也由原先的一、二、三格局转变成了二、三、一格局；并且随着产业结构的变化和横贯大陆的铁路网的形成，城市数量急剧增加，规模不断扩大，区域内的城市化水平提高，各城市的建设区基本成形，整个区域逐渐形成了以纽约、费城两个超级城市为核心的城市发展轴线。

第三阶段：1920 年到 1950 年的多中心都市圈雏形阶段。这一阶段美国进入工业化后期。其中，非农劳动力大概占了 89%，二、三产业的产值约占三大产业结构总产值的 94%。各城市的建设区已经成形，中心城市规模继续扩大，城市发展不断向周边郊区扩展，超越了建成区的地域，逐渐形成了大都市圈。

第四阶段：1950 年以后的大都市圈发展成熟阶段。这一阶段科学技术发展迅速，交通和通信革命随后兴起，产业结构向知识密集型产业转变，促进了城市产业结构的优化。随着城市郊区化的出现，都市圈的空间范围在扩大，且沿着以纽约、费城两个超级城市为核心的城市发展轴线扩散。圈内各城市的形态演化以及枢纽功能走向成熟，逐渐形成了以纽约为核心的都市圈。

（三）美国东北部城市群住房发展现状、问题和应对

美国东北部城市群总体住房供求失衡，居住成本高企。2000～2018年，纽约市住房价格持续增长，虽在2006～2011年经历了较大的价格回落，但自2011年起至2018年价格已经翻番。2007～2017年的10年间，纽约市民在住房方面的花费超过全部收入的30%。通过对比已有数据可以看出，2012～2017年，核心城市纽约市的住房存量增长总体显著低于其经济和人口的增长幅度（见图4.1）。2018年，纽约市新建住宅数量为20012套，相比于2017年下降6.7%。与金融危机之前相比，新建住宅数量约为之前的2/3。供给的短缺进一步加剧了居住成本的上涨。

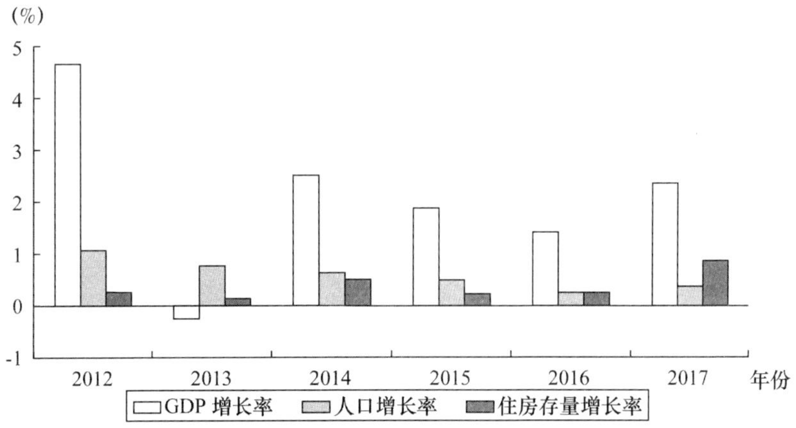

图4.1 纽约市经济、人口和住房增长率对比

资料来源：美国国家统计局，美国经济分析局。

在住房供给整体短缺的情况下，租赁成为纽约市常住人口解决居住需求的重要途径。据美国国家统计局数据，2017 年，纽约市住房租赁比例为 67.3%，而同期全美国的住房租赁比例约为 36.1%。但是，租赁成本仍然在持续上升。自金融危机以来，租赁家庭收入中位数有所下跌，然而租金中位数持续上升。2017 年，85% 的极低收入家庭、79.1% 的低收入家庭和 53.9% 的较低收入家庭处于房租负担较重的区间。

在整个美国东北部城市群层面，为应对住房体系存在的种种问题，美国区域规划委员会主导制定了《危机挑战区域发展：纽约—新泽西—康涅狄格州大都市区第三次区域规划》。该规划从新增家庭数量、家庭收入状况和家庭人口规模三个方面对未来住房需求进行预测，提出了区域住房发展的基本目标，并着重强调降低可负担性住房成本、奖励兴建可负担住房等。纽约都市圈住房规划体系有两个主要的技术特点：一是注重市场手段的运用，注重对各项财政和金融政策的制定，并明确资金来源和具体扶持政策；二是重视协调就业—人口—住房之间的平衡关系，在对未来城镇产业可创造的就业岗位进行测算的基础上，预测人口增长规模和住房需求分布。然而，由于过度强调城市和社区的独立性，区域之间的协调措施力度较弱（温雅，2014）。

三、美国西海岸城市群的演进与住房发展情况

（一）美国西海岸城市群的核心城市及其产业特征

旧金山、奥克兰和圣何塞是美国西海岸城市群的三个核心城市，均建于 19 世纪 50 年代。自“二战”结束以来，三座城市分别经历了

不同的发展历程。旧金山和奥克兰的城市化起步较早，人口经历了先增长（“二战”后到1950年），再逐步减少（1950～1980年），再增长（1980～2000年）的“S”形曲线；而圣何塞是“二战”后逐步兴起的城市，自1950年起人口持续增长，至90年代增速才稍微放缓（见图4.2）。

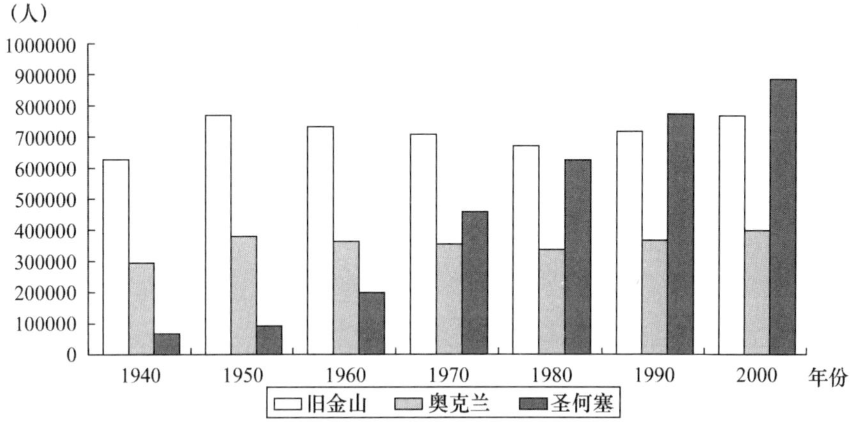

图4.2 美国西海岸城市群三大核心城市人口变化情况

资料来源：韩忠（2006）。

旧金山的工业化起源于淘金热时期。由于具有海港优势，旧金山成为各国移民到达西部淘金矿区和加州农业腹地的最佳中转点，以此带动了工商业的发展。19世纪下半叶，旧金山的制造业与采矿业联系紧密，并在20世纪初已经开始向奥克兰等周边城市转移。“二战”期间，受军事工业刺激，旧金山的制造业及就业人数重新增长，但以造船工业为主，缺乏汽车、飞机等新兴工业。“二战”后，由于制造业企业对大型流水线厂房和低劳动成本的追求，企业加速外迁，制造业投资萎缩。至70年代，服务业就业已经占据主体地位，特别是在金融、专业服务、旅游等部门。旧金山的城市化和工业化基本是同步进行的。在制造业发展的时期，城市就业和人口都在增长，并在1950年同时到达顶峰。1950~1980年，城市进入经济调整期，人口也相应减少。随着城市经济转型成功，人口又恢复增长。

奥克兰城市发展起步晚于旧金山。以19世纪70年代美国横贯大铁路选择奥克兰市作为其西部终点为标志，奥克兰开启城市化进程。奥克兰工业化初期以运输业和农产品加工业为主。进入20世纪后，奥克兰同时受到旧金山当地产业转移和美国东部及联邦资本投资的推动，船舶、汽车、飞机制造等重工业迅速发展起来，并吸纳了大量产业工人。两次世界大战期间，奥克兰成为西海岸造船业重镇。然而，"二战"后由于国防需求锐减，造船业迅速衰落；其他制造业也在1950年后迅速衰落，大量制造业企业外迁，城市进入产业结构调整期，向后工业化城市转变。

与旧金山及奥克兰不同，圣何塞城市和产业发展起步于"二战"后，且并未经历重工业化过程。圣何塞的工业化是从"二战"前薄弱的农产品加工业一次性跨越至以新兴电子工业为主。圣何塞的快速发展主要受益于硅谷高科技产业的兴起。与传统的大工业不同的是，高科技产业虽然也有众多规模化的大公司，但是大量极富活力的中小企业吸纳了大部分就业人口。伴随着从电子产业到信息产业的升级，圣何塞市也受益于历次科技革命浪潮而不断向前发展。

对比三座城市的产业和经济发展格局可以看出，1990年以前，旧金山和圣何塞是城市群传统的就业中心，奥克兰就业人口为旧金山的一半左右，符合首位城市与第二等城市的次序关系。1990年以后，圣何塞超越旧金山成为城市群最大的就业中心。三座城市的产业结构区别明显（见表4.2）。旧金山的服务业就业比重自1970年起一直在80%以上，在金融业和专业服务领域具有绝对优势。奥克兰的服务业也保持在80%左右的水平。这表明旧金山和奥克兰在经历城市产业结构转型后，已经成为成熟的以服务业为主导的后工业化城市。虽然旧金山和奥克兰经济结构相近，但是旧金山服务业的就业人数是奥克兰的两倍以上，体现了其作为区域中心城市的地位。与以上两市相比，圣何塞的经济结构更依赖于制造业，特别是电子产业；其制造业领域的就业数量于1970年超过旧金山，并处于不断增长中。

表4.2 美国西海岸城市群三大核心城市二、三产业结构变化 单位:%

		1970年	1980年	1990年	2000年
旧金山	第二产业	15.6	14.0	13.5	12.2
	第三产业	83.8	85.2	85.8	86.9
奥克兰	第二产业	20.7	18.7	15.8	16.1
	第三产业	78.4	80.2	84.6	83.0
圣何塞	第二产业	36.3	40.4	37.1	34.9
	第三产业	62.7	58.6	61.5	64.3

资料来源：韩忠（2006）。

（二）美国西海岸城市群城市发展模式与政策

“二战”后，美国西海岸城市群的三座城市在城市产业和空间发展方面采用了不同的模式和政策。旧金山围绕设立金融、管理中心的目标对服务业部门进行有力扶持以促进经济转型，而对工业部门则主要采取依靠市场自发调整的政策。与之相比，奥克兰作为城市群重要的制造业中心，更偏重于保持这一地位。然而，随着战后美国城市化进入大规模郊区化阶段，奥克兰的制造业持续外迁，短期内也没有新产业填补空缺，导致城市发展陷入困境。直到20世纪90年代，奥克兰市政府强调引进硅谷企业，发展高技术产业，复兴城市中心，经济得以复苏。与旧金山和奥克兰相比，圣何塞采取了“先增长，后提质”的城市发展战略，即在发展初期极力兼并土地、引进人口，在发展后期通过积极培育电子工业等新兴产业，逐渐向研发机构、总部经济过渡，以充分促进就业，提升发展质量。

在空间发展方面，旧金山和圣何塞分别采取了集约化高密度发展模式和分散化低密度发展模式，奥克兰则介于两者之间。圣何塞在战后加大产业调整力度，制造业迅速发展，吸收了大量的就业人口。然而，人口的迅速增长并未导致城市人口密度大幅上升，反而在50年代以后迅速下降，其主要原因是同期城市面积迅速扩大。1950～1990年，圣何塞的人口增长了7倍，而城市面积则扩张至原来的10倍。同时，在圣何塞城市化发展阶段，家用汽车和高速公路迅速普及使圣何塞的人口高度分散。与之相比，旧金山和奥克兰并没有条件向外扩展面积，只得注重城市中心更新以吸引和挽留人口，因此有“旧金山是步行城市，奥克兰是电车城市，圣何塞是汽车城市”的说法。

（三）美国西海岸城市群城市住房体系现状、问题和应对

住房供应短缺、供求失衡是美国西海岸城市群的典型特征。自1990年起，旧金山市年均住宅供给量约为1900套，其中28%为保障性住宅。1990～2011年，旧金山市新建住房供给量持续较低，并且在2008年金融危机期间受到严重冲击。2011年新建住宅数量仅有269套。但2011年后住房建造量持续上升，至2016年达到峰值的5046套，2017年跌至4441套（见图4.3）。

新建住房量的短缺也导致旧金山市的住宅相比于城市群其他地区更为陈旧。旧金山市近一半的住房建于1939年前，这一比例在城市群其他地区仅为18%（见图4.4）。该地区空置率的一个特点是老旧房屋的空置率比新建住宅要高。例如旧金山2009年之前的住宅空置率约为10%，而较新建筑空置率约为7%（见表4.3）。存量较大的老旧住宅

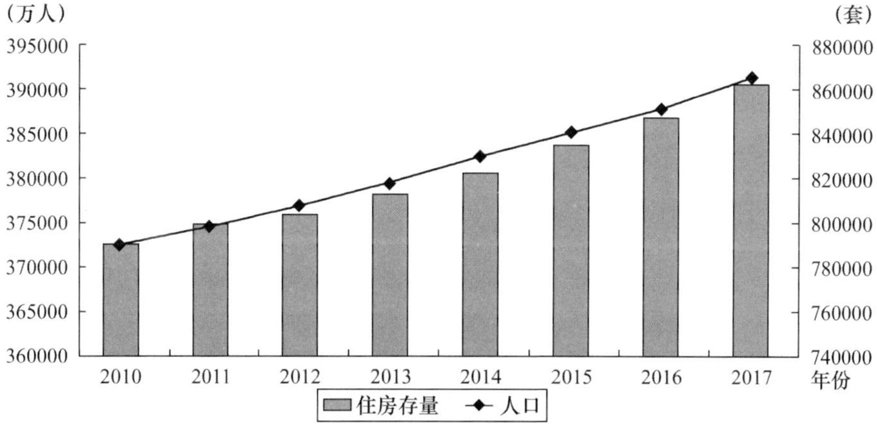

图 4.3　旧金山市住房存量及人口变化情况

资料来源：美国国家统计局。

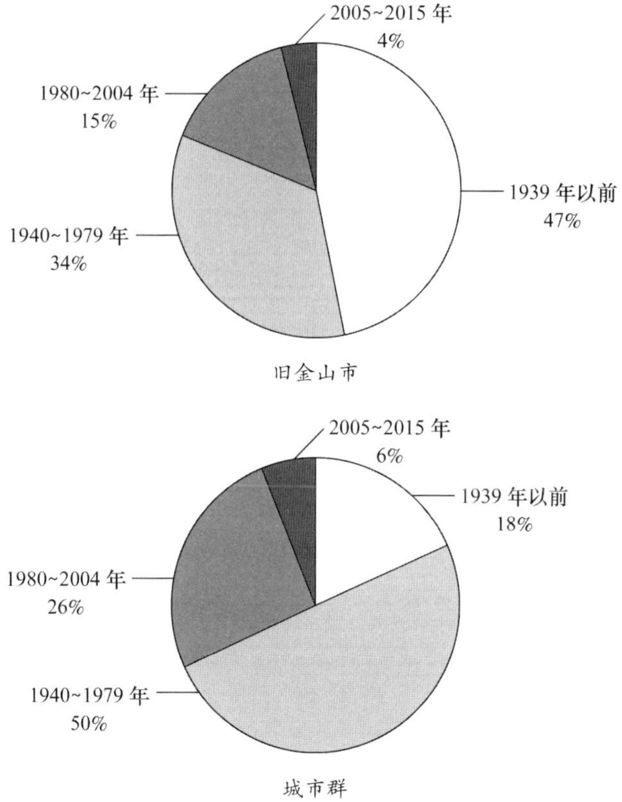

图 4.4　旧金山市及城市群住房楼龄分布（2015）

资料来源：San Francisco Housing Needs and Trends Report 2018，San Francisco Planning.

的低利用率进一步加剧了供给不足的情况。供给不足亦表现在价格方面，美国西海岸城市群、旧金山以及加利福尼亚州的房价自 2011 年起快速增长。2011 年旧金山市住宅价格中位数约为 66.2 万美元，2017 年约为 129 万美元；2017 年城市群住宅价格中位数也恢复至约 91.5 万美元。

表 4.3　美国西海岸城市群住房空置率情况（1990～2015 年）

	1990 年	2000 年	2008 年	2010 年	2015 年
旧金山	7%	5%	9%	11%	9%
城市群	5%	3%	6%	8%	5%
加利福尼亚州	7%	6%	7%	9%	8%

资料来源：San Francisco Housing Needs and Trends Report 2018，San Francisco Planning.

与美国东北部城市群相同，住房供给短缺、房价高企同样导致美国西海岸城市群的租赁比例较高。美国西海岸城市群家庭租房率为 45%，高于全美平均水平；旧金山市为 65%，高于城市群其他城市。与 1990 年相比，旧金山租户的租赁时间更长，约 29% 的租户租期在 10 年以上（见图 4.5）。然而，住房的总体短缺依然导致租金不断上涨。2012～2015 年，城市群住房租金价格稳步增长，2015 年后有所下降。2012～2015 年，城市群租金中位数由 2400 美元增至 3500 美元，并一直保持至 2017 年。2015 年，旧金山市租金中位数为 4500 美元，约为市场租金标价的一半，主要原因是旧金山市的租金控制起到了较好的作用，特别是对连续租住在老旧住宅中的租户而言。

2013 年，美国西海岸城市群政府协会（Association of Bay Area Government，ABAG）以及大都会区交通委员会（Metropolitan Transportation Commission）提出了《城市群规划——可持续发展策略》。美国西海岸城市群土地分配利用制度主要立足于加州“375 号法案”以及基于对未来人口趋势进行的长期预测。根据该规划预测，2010～2040年，美国西海岸城市群预计增加110万个就业岗位、210万人口和66万套住房，总量达到450万个就业岗位、930万人口和340万套住房。接近40%的就业增长将会来源于城市群中最大的三个城市——圣何塞、旧金山和奥克兰。美国西海岸城市群的新增住房分配政策主要基于以下7个因素：交通服务等级、每户家庭车辆行驶里程数、2040年的就业预测、城市群外来务工的低收入工人数、房屋估值、地方规划预测及土地资源。可以看出，美国西海岸城市群的新增住房资源是立足于整个城市群的住房需求统筹考虑的。然而，美国西海岸城市群新建住房数量始终落后于其规划。

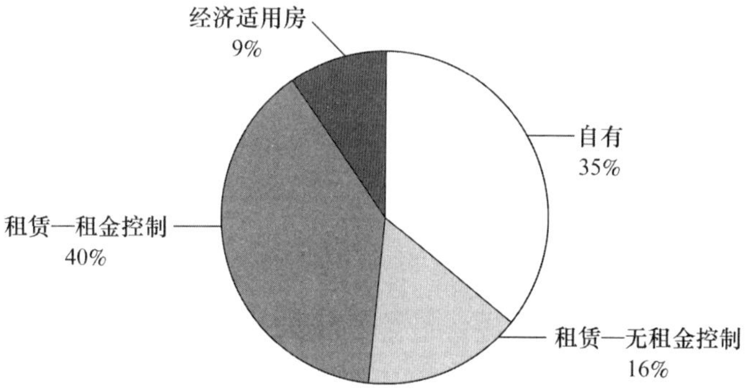

租赁类型

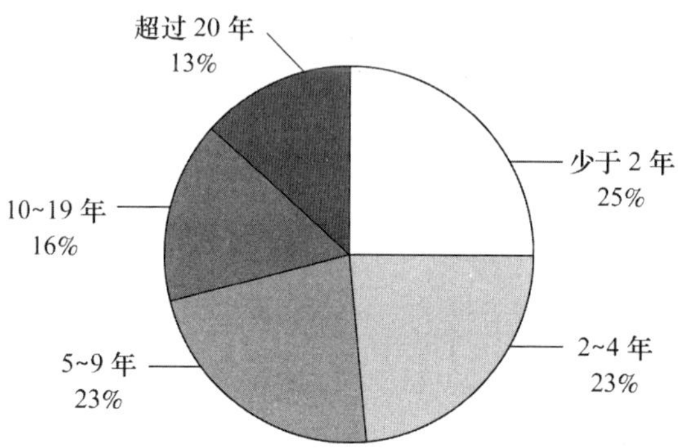

租赁期限

图4.5　旧金山市住房租赁情况

资料来源：San Francisco Housing Needs and Trends Report 2018，San Francisco Planning.

四、日本环东京城市群的演进与住房发展情况

（一）日本环东京城市群核心城市及其产业特征

东京从20世纪60年代经济高速发展时期开始便实施“工业分散”战略，将一般制造业外迁，以解决东京城市过度膨胀的问题。临港制造业逐步从东京的中心城区迁移至横滨、川崎两市，进而发展和形成京滨、京叶两大工业带。东京从传统工业化时期以一般制造业、重化工业为主的产业格局，逐渐转变为以对外贸易、金融服务、精密机械、高新技术等高端产业为主的产业格局，石油、钢铁、化工等重化工业则全面退出了东京。通过合理的产业政策、重视科技创新、充分利用临海和大规模集聚优势，京滨、京叶工业区成为先进的新型工业区，并与东京的金融、总部、研发等功能紧密互动（李博亚、张弦，2018；熊健，2020）。

日本环东京城市群产业结构呈现明显的梯度分布特点。第一产业主要分布在东京都外围的其他三个区域，其中千叶县占比最大，达45.8%；东京都占比最小，为10.7%。相比第一产业，第二产业更多地集中在东京都和邻近的神奈川县。第三产业呈阶梯式下降的趋势较为明显，东京都占比高达38.5%、神奈川县占比为24.6%（见图4.6）。

（二）日本环东京城市群城市发展模式与政策

从20世纪50年代起，日本政府开始谋划构建东京首都圈。1965年，日本政府制定了《首都圈整备法》，为东京首都圈的规划设计提供了依据。东京首都圈规划从1958年开始，每10年修订一次，前后

共经历了五次修订，对土地利用、产业结构调整、人口调整等方面进行了全面规划。第一、第二次规划内容主要集中在统筹东京都和周边的埼玉县、千叶县和神奈川县，并合理布局卫星城，有计划地迁出工业①。从1976年第三次首都圈规划起，日本政府试图转变“东京一极集中”的现状，将东京湾沿岸的横滨、川崎、千叶等城市发展为首都圈新的核心功能区。日本环东京城市群开发过程以“谁开发谁拥有”为基本原则，通过建立沟通协商机制解决开发过程中遇到的问题。目前，东京湾开发管理和协商机构主要是东京湾港湾联协推进协议会。该协议会的事务局设置在横滨市，由日本国土交通省关东地方整备局港湾空港部牵头，东京湾所有地方政府共同参与（李博亚、张弦，2018）。

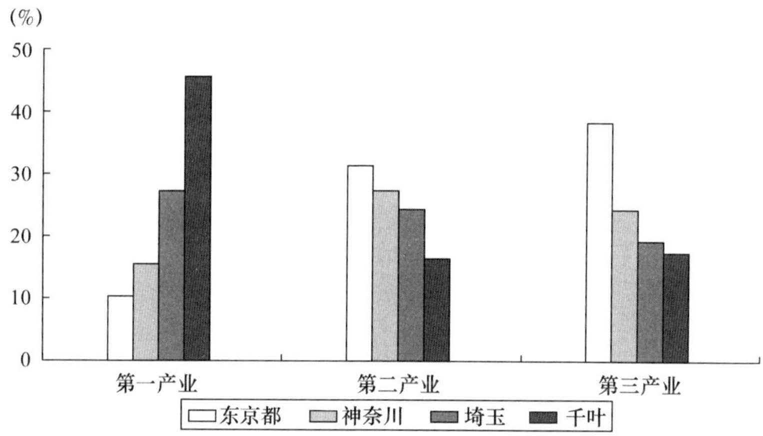

图4.6　日本环东京城市群产业结构分布情况

（三）日本环东京城市群城市住房体系现状、问题和应对

与美国西海岸城市群不同，日本环东京城市群住房供求关系相对缓和。从1953年起，东京住房存量就超过了居民户数。1993年东京

① 参考日本1959年颁布的《首都圈建成区限制工业等的相关法律》。

住宅存量达到约530万套，超过居民户数12.3%；2008年东京住宅存量达到约678万套，超过居民户数13%。虽然住宅供给总体较高有利于充分满足居民的居住需求，保持社会稳定，但也导致了存量住宅利用率低、空置情况愈发严重的问题。2008年东京住宅空置率约为11.1%，2019年东京住宅空置房屋数量约占全国的一成。造成这一现象的原因主要是房地产泡沫时期日本民众对房地产业的过度投资，泡沫破裂后很多人断供弃房。东京的公共住宅也面临日渐老化的问题。截至2013年3月，东京26万户都营住宅中，约有11万户建设于1965年前；17万机构租赁住宅和6万户公社租赁住宅中，分别有约7.7万户和4.5万户建于1965年前。这主要是由于日本土地私有，公有土地面积有限，且近年来政府财政紧缩，可投入资金减少所致（滝川光是、伍止超，2020）。

东京当前的住房规划政策聚焦于应对高空置率、老龄少子化以及存量住宅更新改造等方面。《东京都住房发展规划（2001—2020年）》是指导东京都住房发展的核心规划，主要内容有三点：一是促进存量房利用，降低空置率，提高共有土地利用率；二是积极应对老龄化和少子化，加强设施配建；三是对既有公共住宅进行更新改造。按照计划，每年改造约4000套公共住宅，主要目的是防火、抗震等。

五、借鉴与启示

住房不可移动的资产属性决定了住房市场具有区域性、本地性特征，住房供给只能在本地产生；但经济发展和人口流动决定了住房需求又有广泛的外溢性。因此，具体城市的住房体系需要具体研究。美国东北部城市群、美国西海岸城市群和日本环东京城市群这三大世界级城市群在城市群住房发展方面既有共性——面临相同或相似的问题，也存在一定的差异。客观评价各个城市群在经济发展与住房体系建设方面的经验教训，有助于更好地把握城市群住房发展方面的一些关键问题。

（一）总体供求失衡是世界级城市群核心城市居住成本高企的主要因素

美国东北部城市群和西海岸城市群的住房发展历程表明，住房供给落后于人口增长和经济发展水平造成的相对短缺，是大城市群都市住房成本较高的根本原因。世界级城市群特别是核心城市的发展历程长、发展水平高、建成区规模较大，使得住房新增量相对较低，并进一步加剧了“老旧房屋存量较高—缺乏修缮、空置率较高—住房供给降低”的恶性循环。

虽然三大城市群普遍重视发展租赁市场，租赁住房成为解决住房问题的重要渠道，但是住房短缺问题导致的高房价会传导至租赁市场并表现为租金水平持续上升。同时，城市群的经济增长成果并没有完全反映在收入水平的整体提升上，区域内收入分化加剧，进一步弱化了低收入人群的住房支付能力。反过来，就会促使政府建设更多的保障性住房，加重财政负担，并对本就短缺的商品住房供给形成一定的挤出效应。

（二）城市群圈层结构明显，需注重城市间统筹协调

三大城市群的住房规划紧密结合城市群圈层结构，中心城市与周边城市统筹协调，并与大都市通勤规划相结合。

三大城市群圈层结构明显。从核心到中心再到外围地区，房价梯

度下降，住房自有率水平梯度上升。2000～2016年，美国东北部城市群核心城市和中心地区住房建设量占比分别为10.4%和35.4%，分别比其人口占比少5.5和1.2个百分点。纽约大都市带中心地区房价水平比核心城市低41.8%，外围地区房价比中心地区低40.3%；核心区住房自有率比中心区住房自有率低24个百分点。作为比较，中国三大城市群中的核心城市——上海、深圳和北京的住房自有率分别为60.8%、23.6%和59.9%，明显低于全国城镇家庭79.2%的住房自有率水平（任荣荣、李牧汀，2018）。

美国和日本的城市群均高度重视都市圈和交通体系的协调发展。例如，日本通过“首都圈整备计划”统筹东京都周边半径100千米范围内的住宅用地安排，并通过高速铁路、高速公路的同步建设打造通勤圈。东京都半径20～60千米范围内的空间承载了东京都新增人口的75%，为解决东京都的住房问题发挥了重要作用（温雅，2014）。

（三）城市群住房以存量房为主，注重城市更新

三大城市群内的都市都非常注重存量房的维修和保护，以及促进存量资源的可持续利用，新建住房数量普遍较少，二手房交易起主导作用。这在避免大拆大建节约资源的同时，也最大限度地保留了城市的历史特色。例如，纽约曼哈顿中心城区就保留有大量富有特色的旧建筑，吸引了大批游客。东京虽然在“二战”后经历了大规模建设，但由于规划较为合理，建成后也未出现大规模的翻修重建现象。此外，纽约都市圈的城市更新对于大城市群有着较好的借鉴意义。例如，对于纽约中城东片区等开发强度已较高的历史区域，由于容积率的限制，城市发展受到约束。纽约通过发展权转移机制以及针对开发商发

放以公共设施改善为前提的容积率特殊许可，妥善平衡商业利益和公共利益，推进老旧街区更新。

（四）租赁是解决住房问题的重要手段

购买与租赁并重是三大城市群房地产市场的主要特征。由于人员流动性强，房价相对较高，大量常住居民依赖租赁市场解决住房问题。例如，据美国国家统计局数据，2008 年纽约家庭住宅自有率为 34%（全美国为67.1%），租赁比例高达66%。东京住房自有率始终保持着相对稳定的水平；而据日本统计局数据，2003 年东京租房户数占非空置住宅总户数的一半以上，高于日本全国 40% 左右的租房比例。

三大城市群很重视租赁市场发展，采取了许多政策给予支持。以东京大城市群为例，东京政府于 1988 年至 90 年代后期采取了一系列措施[①]，促进了以中等收入阶层为对象的租赁住宅建设。为满足租赁市场的融资需求，日本于 2001 年 9 月推出房地产投资信托（REITs）。截至 2021 年 4 月 1 日，日本在公开市场上发售的 REITs 产品达 62 只，总市值达 16 万亿日元，平均收益率为 3.59%[②]（近 5 年日经 225 指数年均收益率为 7.59%）。

（五）根据自身特点确定政策工具组合

通过对比三大城市群住房情况可以看出（见表 4.4），美国的东北部城市群、西海岸城市群与日本的环东京城市群面临着截然不同的住

① 1988 年设立了由专家、学者、政府官员组成的“住宅政策恳谈会”；1988 年 7 月出台了《东京都设计许可纲要》，放松了容积率标准，规划了中高层居住专用土地，实施了高层居住诱导计划；1990 年建立了“都民住宅制度”；1991 年建立了“优良民营租赁住宅制度”；1997 年修订了《建筑标准法》。

② 资料来源：http：//en. japan - reit. com/。

表 4.4　　　　国际三大城市群住房政策、工具对比

<table>
<tr><th></th><th>美国东北部城市群</th><th>美国西海岸城市群</th><th>日本环东京城市群</th></tr>
<tr><td>住房发展面临的核心问题与挑战</td><td colspan="2">·住房供给短缺，保障性住房不足
·居住成本高企
·低收入人群的住房承受能力降低</td><td>·存量住宅利用率低，空置情况愈发严重
·新房建设量增长缓慢</td></tr>
<tr><td>国家层面的政策</td><td colspan="2">·对公共住房等特定住房工程的建设和实施提供资助
·税式支出，包括房地产税减免、出售住房的资本收益税减免、对自有住房居民抵押贷款利息抵扣个人所得税
·针对低收入家庭：租房券、低收入住房税收补贴、免税住房债券（附加首套房低利率抵押贷款）、公共住房、低收入者住房建造税收补贴
·向州政府和地方政府提供建设住房的综合补助款</td><td>·财政方面：给低收入家庭租房、购房给予补贴，给公共住宅建设、政策性住房提供贷款
·税收方面：减免住宅贷款所得税、财产登记税、城市建设税等
·灵活的土地制度，多种私有土地可转为国民住房用地
·供给、户型、税收、限购（主要针对外国人）等调控政策</td></tr>
<tr><td>城市群/州/都市圈层面的政策</td><td>·增加供给：降低行政审批成本，放宽规划和配套标准，增加低收入人群住房配建，拓宽保障性住房融资渠道，通过税收、补贴等手段鼓励翻新和改扩建
·住房权益保护：防止租客被驱逐，稳定租金，保障移动性住房和临时性住房的居住权益</td><td>·培育多元化的宜居社区
·保障住户的可承受能力和居住质量
·增加对新市民的住房供给，具体包括改革审批流程、增强政府—社会合作、调整规划
·加强对特殊人群和老龄化人口的保障
·通过税收、补贴等方式拓宽保障性住房的融资渠道</td><td>·增强社区和住宅的防灾减灾能力，提高建筑质量
·提升社区环境，建造节能、低碳、绿色建筑
·加强公寓管理，提升存量住宅的运营效率，合理使用公共住宅，活化老旧街区
·增强对居民特别是老龄化人口的社区服务</td></tr>
</table>

房发展问题，各自采取了不同的政策工具组合。美国东北部城市群和西海岸城市群面临供给短缺、居住成本高企的问题，而日本环东京城市群则面临存量过剩、空置率高的问题。就供需关系来看，美国两大城市群注重增加供给，而日本城市群则注重存量管理。就住房保障来看，除低收入家庭住房保障这一共性问题外，美国的多元化和反歧视、日本的适老服务等都是基于该地区的特殊社会文化需求而采取的政策安排。此外，日本环东京城市群住房还面临防灾减灾等自然问题。

（六）住房体系应积极主动调整以适应产业结构变化

美国东北部城市群和西海岸城市群的产业结构沿城市圈层结构逐级调整，各核心城市的产业分工以市场为主导；而日本环东京城市群的产业区位调整更多是主动选择、总体规划的产物。节点城市的产业结构调整往往与核心城市产业的演进密切相关，因此当节点城市的住房发展对产业结构调整缺乏预见和准备时，仓促应对往往效果不佳。

以奥克兰市为例，“二战”期间，奥克兰作为工业中心，人口急剧增长。1940～1945 年，奥克兰市增加了 10 万新居民，1945 年总人口达到 40.53 万人[①]。联邦住房管理处（Federal Housing Administration，FHA）为近 9 万产业工人家庭提供了 3 万套公共住房。然而，这些住房多集中在奥克兰西部，造成该地过度拥挤。

2010 年后，在城市群经济迅速发展、奥克兰人口迅速上升的情况下，奥克兰市政府并未妥善消除金融危机的影响，加速住房供给，而是听任住房存量持续下降。2010～2017 年，受到城市规划等供地限制

① Land Use and Transportation Element. City of Oakland General Plan. Retrieved February 22, 2013.

的影响，奥克兰市住房存量持续下降（见图4.7）。2010~2015年，奥克兰住房平均销售价格上升57%，而同期收入中位数仅上升14%。租赁成本也提升较快，2011~2015年，奥克兰住房租金水平上升了40%，而租房者的收入中位数仅提高31%。

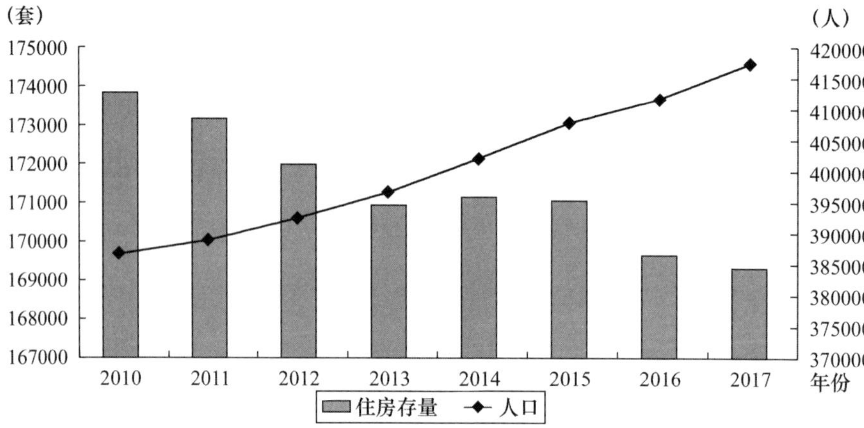

图4.7 奥克兰市住房存量及人口变化情况

资料来源：美国国家统计局。

意识到住房危机后，为应对住房短缺和需求快速增长的局面，奥克兰市于2014~2015年集中规划了一系列社区项目，包括放宽对容积率及停车场等配建的规定，使得近年该市住房供应快速上涨。2019年，奥克兰市新建住房约为6800套，比旧金山市（约4700套）高50%，是2018年的15倍，是2013~2018年新建住房总量的3倍。

（七）节点型城市人口和住房发展受到核心城市的深刻影响

纽约—纽瓦克、旧金山—奥克兰、东京—横滨双城关系下的住房发展历程表明，节点城市的住房发展受核心城市影响较大，核心城市住房供给失衡会促使人口向周边城市流动并带动该地区房价上涨。核心城市对节点型城市的住房市场具有多重外溢效应，表现在向内吸引就业、向外疏散居住，还表现在邻近核心城市的城市住房供求紧张。

以纽瓦克市为例，2003～2008年，纽瓦克市人口自然增长13950人，但净外移人口达11550人。这主要是由于纽瓦克市相对其他地区就业率更低。然而在2008～2013年，纽瓦克净外移人口降至1875人，这主要是由于更多居民无法负担在纽约市日益高企的住房成本，转向邻近的纽瓦克市定居。2000～2015年，纽约市的平均租金增长率比纽瓦克市高160%。这种人口互动还表现在，过去向纽瓦克市的移民偏向于居住在郊区，而新移民更偏向于居住在离纽约市更近、交通更为便捷的城区。对比纽约市和纽瓦克市住房存量及人口变化（见图4.8和图4.9），2010～2017年，纽约市人口数持续膨胀，住房供应持续增加。在这期间，纽瓦克市人口数量亦增长较快。受到人口持续增长压力，纽瓦克市的住房存量也从2015年起扭转了持续下跌的趋势，新建住房量快速上升。其中，相当一部分人口是受到纽约市高昂居住成本的影响而选择住在房价较低的纽瓦克市。

与纽约市相比，位于日本环东京城市群的横滨市在转型发展初期就与日本东京都市圈的国家战略密不可分。1986年第四次首都圈规划中，日本政府呼吁将城市功能分散到首都地区以外的其他核心城市，和东京形成分工互动的关系。同时，横滨市也有着较强的扩大本地就业的需求，与首都圈规划中的职能相吻合。因此，横滨市在其总体规划中也提出了增加作为首都圈核心城市相应功能的目标。“二战”结束后，作为东京市的延伸区域，横滨市的人口在1950～1970年迅速增加，并在1968年和1985年分别突破200万和300万人。与全日本人口下降的趋势不同，横滨市的人口在2020年达到峰值（见图4.10）。

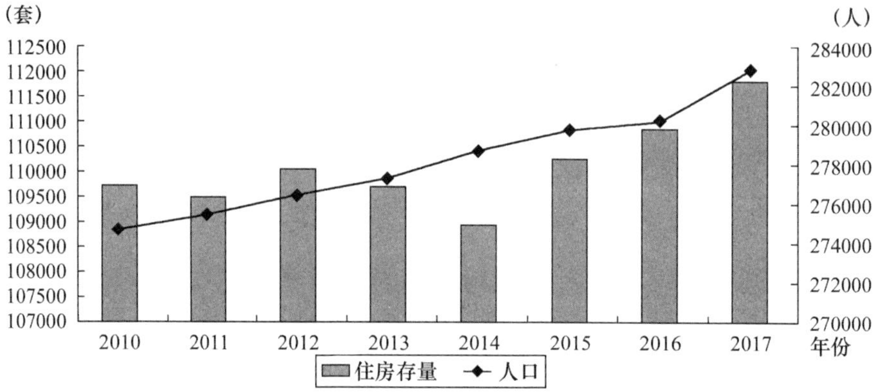

图 4.8　纽瓦克市住房存量及人口变化情况

资料来源：美国国家统计局。

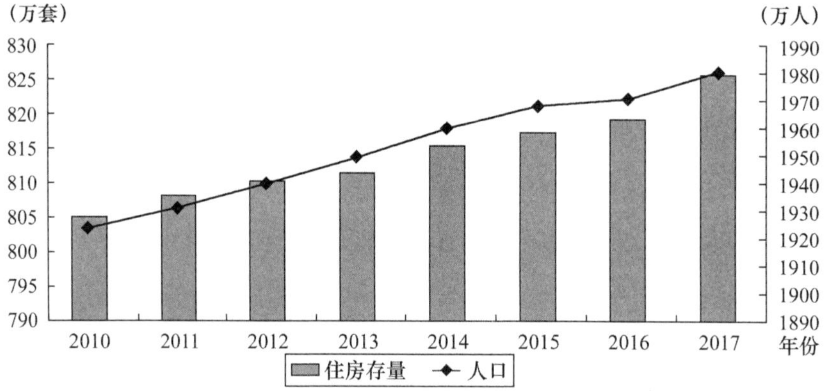

图 4.9　纽约市住房存量及人口变化情况

资料来源：美国国家统计局。

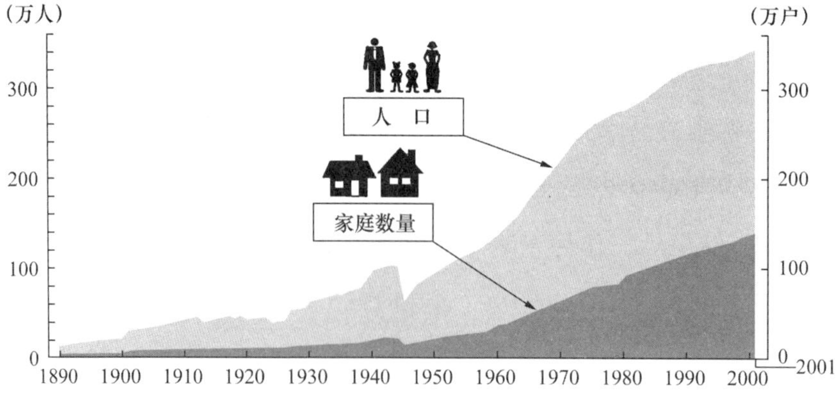

图 4.10　横滨市历年人口和家庭数量变化情况

1957～1962 年，横滨市的地价上涨了 370%，导致该市房屋租金上涨，且住房自有率下降了 5 个百分点。此后，横滨市通过填海造陆、城市更新等一系列手段增加土地和住房供应。当前，整个横滨市的住房供给相对充足，空置量达到约 16 万栋。近年来，横滨市的住房数量虽然有所下降，但住房价格相对平稳。其年长者更多居住于城市中心的旧城区，而年轻人口特别是有孩子的家庭更倾向于居住在郊区，尤其是北部更靠近东京的地区。

从横滨市的发展可以看出，在核心城市住房供给充足、外溢压力比较小的情况下，周边城市即使人口持续增长，也可以建立充分满足居住需求并适应经济发展水平的供给体系。相反，以奥克兰为例，如果核心城市住房供需失衡、外溢需求压力较大，而周边城市缺乏住房供给时，周边城市的居住成本会快速上升。

执笔人：牛三元　苏诺雅

专题报告五

中国住房政策体系的演进历程与面临的新形势

商品房市场体系、住房保障体系和租赁住房体系构成中国住房体系的基本框架，厘清这三大体系的政策演进历程，客观评价政策效果与面临的挑战，特别是厘清新阶段住房体系面临的新形势，将有助于根据新的形势要求适时调整完善相关政策。

一、商品房市场体系：政策脉络与主要成效

自 1998 年住房制度全面改革以来，市场机制在配置住房资源中的基础性作用不断增强，中国特色的住房制度体系框架基本确立，其在改善城镇居民住房条件、促进房地产业快速发展和经济持续较快增长，以及助推城市化进程等方面都发挥了重要作用。

（一）政策脉络

1. 1998 年启动住房市场化改革

1997 年，亚洲金融危机对中国经济形成一定冲击，国家将进一步扩大住房消费需求作为扩大内需、提振经济的着力点，以应对金融危

机。同时，随着社会主义市场经济体制的逐步建立，中国经济逐步由供应短缺转变为总需求不足，将房地产作为经济新增长点逐渐成为共识。在以往改革试点和不断探索的基础上，1998 年，以《国务院关于进一步深化城镇住房制度改革加快住房建设的通知》（国发〔1998〕23 号）的颁布为标志，住房制度改革全面展开。

一是停止住房的实物福利分配，实行货币化分配，建立多层次的住房供应体系。最低收入家庭由政府提供廉租住房；中低收入家庭购买经济适用住房；高收入家庭购买或租赁市场商品住房。至此，实行了近 40 年的住房实物福利分配制度基本上宣告结束。

二是推进土地有偿使用制度的市场化改革。在 20 世纪 80～90 年代的改革中，国有土地使用权多为协议出让，为寻租行为留下了较大空间，不利于土地资源的优化配置和使用效率的提高。2002 年，国土资源部颁布的《招标拍卖挂牌出让国有土地使用权规定》（2002 年第 11 号）中明确要求：凡商品住宅等各类经营性用地，必须以招标、拍卖或者挂牌方式出让。经济适用住房建设用地则采取行政划拨的方式。

三是进一步推进住房金融体系改革。1999 年，《住房公积金管理条例》（国务院令第 262 号）颁布，对公积金覆盖面、使用范围、增值收益用途、风险防范、管理机构等进行了规范，标志着中国住房公积金制度进入法治化、规范化发展阶段。该条例规定公积金只用于个人住房贷款，停止用于单位住房建设贷款。2002 年，国家对《住房公积金管理条例》进行修订，进一步规范了公积金决策机制和管理机构设置及监督机制。与此同时，为支持居民购房，1999 年，银行等金融机构开始发放个人住房贷款，并建立了住房贷款担保制度，对扩大城镇居民住房消费发挥了积极推动作用。在开发金融方面，形成了以商业银行信贷为主体，兼有信托和其他方式的房地产开发融资体系。

四是确立以普通商品住房为主的供应体系，房地产市场快速发展。2003 年国务院颁布《关于促进房地产市场持续健康发展的通知》（国发〔2003〕18 号），提出逐步实现多数家庭购买或承租普通商品住房，经济适用房被定义为具有保障性质的政策性商品住房。住房供应体系的调整为各地住房市场快速发展、市场需求加快释放奠定了重要的制度基础，房地产开发投资增速不断攀升，新开工面积持续快速增长，居民住房条件开始持续改善。在这一过程中，部分城市也出现了住房市场过热的问题，房价涨幅较大。

五是针对市场过热的短期调控政策频繁出台。针对部分城市房价、地价不断攀升的突出问题，2003 ~ 2006 年，国家有关部门密集出台了以“老国八条、新国八条、七部委八条、国六条、国十五条”①等为代表的一系列调控政策。

2008 年全球金融危机爆发后，为了扩大内需、应对危机，国务院陆续出台了扩大住房消费、鼓励房地产市场发展的一系列政策措施，取得了明显效果。但同时，市场投资过热，开发企业和居民个人的杠杆率快速上升，房价持续攀升等问题也凸显出来。

2. 明确“房住不炒”的政策理念

为促进房地产市场平稳健康发展，从 2012 年起，房地产调控政策频繁出台，全国 40 多个一、二线城市及部分三线城市实施了住房限购政策和差别化利率与税收等政策。加上经济新常态的到来，经济增速

---

① 《关于切实稳定住房价格的通知》（国办发明电〔2005〕8 号，老国八条）。《国务院常务会议关于加强房地产市场的调控措施》（2005 年 4 月 27 日，新国八条）。《关于做好稳定住房价格工作意见的通知》（国办发〔2005〕26 号，七部委八条）。《国务院常务会议关于促进房地产业健康发展的措施》（2006 年 5 月 17 日，国六条）。《关于调整住房供应结构稳定住房价格意见的通知》（国办发〔2006〕37 号，国十五条）。

换挡，市场需求不足等问题显现。2014 年和 2015 年房地产市场进入低迷期，销售量下降，库存明显增大。2015 年房地产投资增速回落到 1%。当年 12 月，中央经济工作会议做出了推进供给侧结构性改革，认识、适应和引领经济新常态的重要部署，并将“去产能、去库存、去杠杆、降成本、补短板”作为重要举措。其中，房地产将“去库存”作为重要任务。

在一系列“去库存”政策措施实施后，政策效果明显显现。2016 年，全国商品房待售面积明显下降。但是，在货币增发、利率连续下调和房地产信贷规模不断扩大等宽松政策的作用下，一线城市和热点二线城市的商品房销售异常火爆，房价大幅反弹，市场预期出现一定扭曲。面对这种情况，从 2016 年 9 月 30 日开始，一线城市和热点二线城市陆续出台了严厉的房地产调控措施（称“930”新政），其调控范围、政策密度和调控程度都被认为是史上最严厉的。调控内容主要包括：在需求侧，严格限制投机和投资性需求，重启“限购、限价、限贷、限售”等政策，实行大幅上调首付比例、贷款从紧、上调利率、定向加息等措施，规范开发机构、销售机构、中介机构的行为，对违规和不法行为严厉打击。在供给侧，要求房价上涨过快的城市增加住宅用地供给；完善住房保障体系，加大棚户区改造、公租房以及租赁住房的供给能力。到 2016 年底，调控政策的效果开始显现。

2016 年底召开的中央经济工作会议提出“房子是用来住的、不是用来炒的”，从中央层面明确了住房的居住属性和定位。会议还提出既要抑制房地产泡沫，又要防止房价出现大起大落。要在宏观上管住货币，微观信贷政策要支持合理的自住购房，严格限制信贷流向投资投机性购房。

3. 新冠肺炎疫情以来的房地产调控

随着疫情得到有效控制，加上宽松的货币政策，购房者对未来房价持续攀升的预期显著增强，并将深圳、上海等人口净流入城市短缺的商品房视为应对潜在通胀的优质资产。学区政策调整使优质学区房受到追捧，人才落户政策的放宽使短期内符合购房条件的人数迅速增加。这在一定程度上抬升了房地产市场预期，导致热点城市的住宅价格上涨比较明显。2020 年下半年，国家强调不将房地产作为短期刺激经济的手段，行业金融监管持续强化，杭州、沈阳、西安和宁波等多个城市加大调控力度，主要涉及升级限购、升级限贷、升级限价、升级限售以及增加房地产交易税费等内容，力促市场理性回归。

但是，限价等房地产调控措施导致一、二手房价格倒挂，“买到就是赚到”的想法使大量投资投机性需求参与到价格倒挂楼盘的“摇号”中，进一步刺激了投机行为。为引导房地产市场回归理性，2021 年相关部门进一步调整完善土地、金融等方面的相关政策。

一是22 个重点城市实行住宅供地“两集中”，即22 个重点城市住宅用地集中公告、集中供应，2021 年不能超过 3 次。在“两集中”新政下，大量土地集中入市，土地供应呈现总体充裕的态势，有利于重点城市土地市场降温，推动土地拍卖溢价率下行。同时，集中披露信息有利于提高土地市场的透明度，减少信息不充分对市场预期的影响。但城市间的分化有可能进一步加剧。一方面，在土地供应总体短缺的城市，如深圳，集中供地无法根本上缓解供不应求的局面，由于竞拍机会减少，甚至可能引发房企“哄抢”，引发地价较快上涨，短期内的供求失衡有可能加重；另一方面，在土地供应总体过剩的城市，集中供地则可能导致土地流拍率上升。集中供地对地方政府的管理能力也提出了更高的要求，需要其更加合理地安排供应结构与出让时序。

二是严格限制经营贷、消费贷等资金违规流入房地产市场。受新冠肺炎疫情以来宽松的货币供应政策的影响，金融市场环境日益宽松，一线城市和部分二线城市的房地产成为大量资金的首选。旨在救助小微企业的经营贷与提振个人消费的消费贷等各类资金通过多个渠道作为，引发部分城市房地产市场过热。为此，从2020年1月起，北京、上海等城市开始严查经营贷、消费贷等资金违规行为。3月26日，银保监会、住建部、央行联合印发《关于防止经营用途贷款违规流入房地产领域的通知》，要求金融机构加强借款人资质核查、信贷需求审查、贷款期限管理等，抑制房地产市场投机。此外，深圳发布二手住房成交参考价（通常低于市场价），相关金融机构以此作为按揭贷款参考依据，控制购房者的加杠杆能力。

（二）发展成效

商品房市场体系的建立从根本上解决了中国城镇普遍存在的住房短缺问题。2000～2020年，中国累计竣工商品房155.2亿平方米，销售204.6亿平方米；其中2010～2020年累计竣工商品房106.9亿平方米，销售155.1亿平方米（见图5.1）。

大规模住房建设有力地改善了城镇居民的住房条件。1998年以来是中国城镇居民家庭人均住房建筑面积增长最快的时期，人均住房建筑面积从1998年的18.7平方米跃升至2019年的近40平方米（见图5.2），城市户籍家庭住房问题基本解决。住房配套设施不断健全，住房成套率达到80%以上，人居环境得到极大提升。住房资产占居民家庭财产的比重超过50%，成为居民家庭财产的重要组成部分。

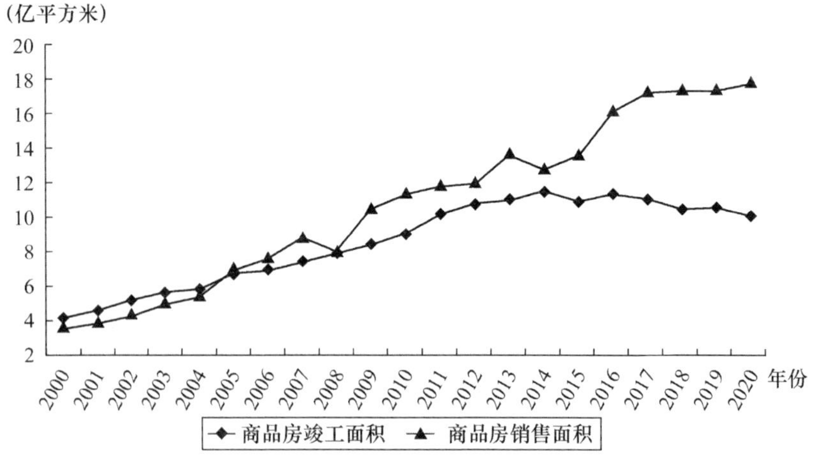

图 5.1　2000 年以来全国商品房竣工和销售面积

资料来源：国家统计局。

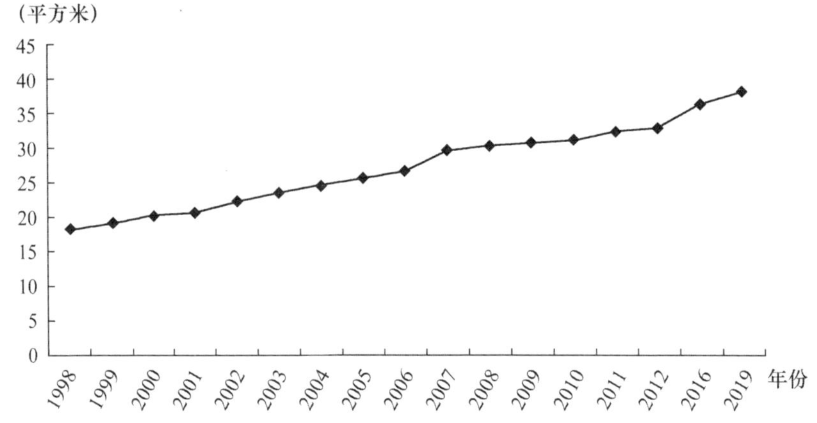

图 5.2　1998 年以来城镇人均住房建筑面积

资料来源：国家统计局。

房地产业的发展带动了固定资产投资的快速增长。1998～2020年，全国房地产开发投资由3614亿元增加到141443亿元，年均增长率接近20%，占全国固定资产投资（不含农户）的比重长期维持在20%左右（见图5.3）。

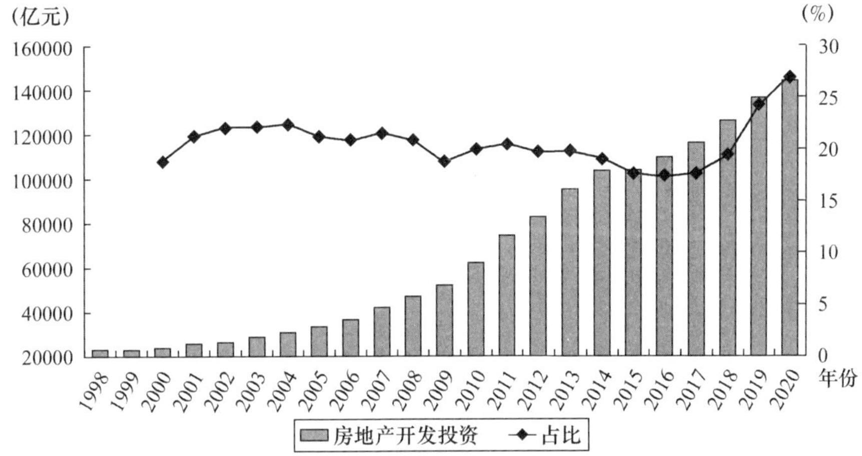

图 5.3　1998 年以来房地产开发投资及其占比

资料来源：国家统计局。

二、住房保障体系：政策脉络与主要成效

住房保障体系着眼于解决城镇低收入家庭住房困难的问题。随着经济的持续发展，住房保障体系的覆盖面不断扩大，为改善城镇住房困难家庭的住房条件、推动以人为核心的新型城镇化、促进经济社会发展发挥了重要作用。

（一）政策脉络

1. 1998 ~ 2002 年：以经济适用房为主，加快解决城镇住房困难问题

1998 年 7 月 3 日，《国务院关于进一步深化城镇住房制度改革加快住房建设的通知》（国发〔1998〕23 号）颁布，提出对不同收入家庭实行差异化住房供应政策：重点发展经济适用住房（安居工程），加快解决城镇住房困难居民的住房问题；最低收入家庭租赁由政府或

单位提供廉租住房；中低收入家庭购买经济适用住房；并规定经济适用住房的利润率控制在3%以下。

1998年全国城镇住房制度改革和住房建设工作会议提出，建立新的城镇住房供应体系，重点发展经济适用住房。此后，国家各部委颁布了一系列行政法规和管理规章。例如，1998年7月14日，建设部[①]等部委颁布《关于大力发展经济适用住房的若干意见》（建房〔1998〕5号）。同年9月18日，国务院办公厅转发建设部等部门《关于支持科研院所、大专院校、文化团体和卫生机构利用自用土地建设经济适用住房若干意见的通知》，以改善科教文卫机构职工的居住条件。

这一阶段处于从住房实物分配向住房市场化转变的过渡阶段，也是经济适用房大量建设的阶段。以经济适用房为主的保障性住房建设，不仅对解决居民住房困难发挥了重要作用，也有效推动了住房市场化改革。

2. 2003～2007年：以廉租住房为主，解决低收入家庭住房困难的问题

2003年8月31日，国务院颁布《国务院关于促进房地产市场持续健康发展的通知》（国发〔2003〕18号），提出“调整住房供应结构，逐步实现多数家庭购买或承租普通商品住房”。同时对廉租住房的补贴方式作了调整，最低收入家庭住房保障原则上以发放租赁补贴为主，以实物配租和租金核减为辅。2003年11月15日，建设部、财政部和国土资源部等部门审议通过了《城市最低收入家庭廉租住房管理办法》。

2006年3月29日，建设部发布了《关于城镇廉租住房制度建设

① 于2008年撤销，现为住房和城乡建设部。

和实施情况的通报》（建住房〔2006〕63 号），指出廉租住房保障水平低、保障房供应不足、保障方式不尽合理等问题。2006 年 6 月，国务院办公厅转发九部委《关于调整住房供应结构稳定住房价格的意见》（国办发〔2006〕37 号），对地方政府的保障性住房建设提出了量化约束指标。该文件要求地方政府将土地出让净收益的一定比例用于廉租住房建设，并通过各种渠道落实廉租住房资金和土地储备。国家着手完善廉租住房和经济适用住房制度，禁止和惩罚住房保障中的违规、违法和不公平行为。

2007 年 8 月 7 日，面对房价上涨过快和低收入家庭住房困难加剧的局面，国务院颁布《关于解决城市低收入家庭住房困难的若干意见》（国发〔2007〕24 号），提出“加快建立健全以廉租住房制度为重点、多渠道解决城市低收入家庭住房困难的政策体系”，要求“进一步建立健全城市廉租住房制度，改进和规范经济适用住房制度，加大棚户区、旧住宅区改造力度”。该文件把住房保障覆盖面进行了压缩，经济适用住房供应对象由原来的城市中低收入住房困难家庭压缩为城市低收入住房困难家庭，并与廉租住房保障对象衔接；提出重点加快建立健全城市廉租住房制度。住房保障制度逐步走向规范化。

3. 2008 年至今：大规模启动保障性安居工程，发展政策性租赁房，改善中低收入家庭居住条件

为应对 2008 年国际金融危机的冲击，2008 年 12 月，国务院办公厅发布《关于促进房地产市场健康发展的若干意见》（国办发〔2008〕131 号），提出到 2011 年底基本解决 747 万户城市低收入家庭的住房问题，基本解决 240 万户现有林区、垦区、煤矿等棚户区改造问题。

2010 年 4 月 17 日，《国务院关于坚决遏制部分城市房价过快上涨的通知》（国发〔2010〕10 号）要求确保完成 2010 年建设保障性住房

300万套、各类棚户区改造住房280万套的工作任务。之后的规划中，提出了“十二五”期间全国建设筹集3600万套保障性住房的任务，中国进入最大规模的保障性住房建设阶段；“十三五”规划中提出了开工改造各类棚户区住房2000万套的目标。这对解决中低收入居民家庭住房困难发挥了重要作用。该文件同时提出要加快发展公共租赁住房。同年6月，住建部等七部委联合发布《关于加快发展公共租赁住房的指导意见》（建保〔2010〕87号）。2013年，公共租赁房和廉租住房并轨运行。

2019年以来，国家以解决新市民住房问题为出发点，提出加快建立以公租房、政策性租赁住房和共有产权住房为主体的住房保障体系，促进住房保障对象从以户籍家庭为主转向覆盖城镇常住人口，住房保障方式从以政府投入为主转向以政府政策支持、吸引社会力量投入为主；并部署在13个城市开展完善住房保障体系试点工作，重点是大力发展政策性租赁住房。“十四五”规划提出进一步有效增加保障性住房供给。公共租赁住房、共有产权住房、政策性租赁住房、棚户区改造、城镇老旧小区等有机衔接的城镇住房保障体系不断优化。

（二）发展成效

经过长期努力，中低收入家庭住房困难问题得到显著改善。“十一五”期间，中国开工建设各类保障性住房和棚户区改造住房1630万套，基本建成1100万套。到2010年底，累计用实物方式解决了近2200万户城镇中低收入家庭的住房问题，近400万户家庭享受廉租住房租赁补贴。“十二五”期间，累计开工建设城镇保障性安居工程4013万套，基本建成2860万套，超额完成“十二五”时期开工建设3600万套的任务；累计开工改造棚户区住房2191万套，基本建成

1398 万套；累计开工建设公共租赁住房（含廉租住房）1359 万套，基本建成 1086 万套。“十三五”期间棚户区改造的目标任务为 2000 万套，计划投资 7 万亿元，全国棚户区改造的实际累计开工超过 2300 万套，帮助 5000 多万居民搬出棚户区（见图 5.4）。

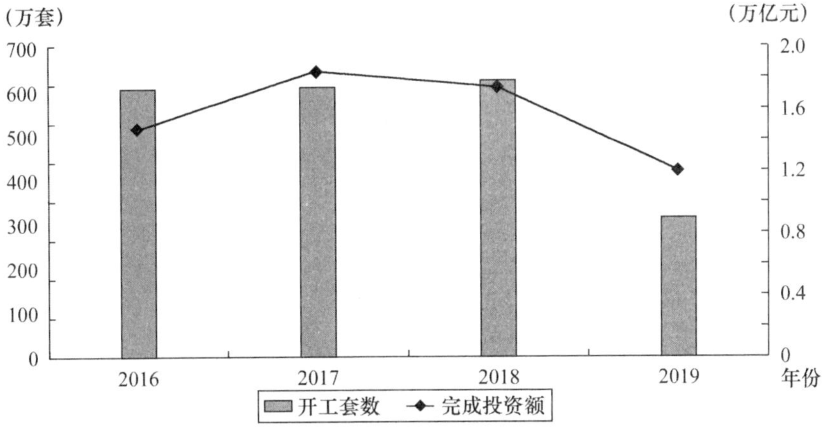

图 5.4　2016～2019 年全国棚户区改造进展情况

资料来源：住房和城乡建设部。

截至 2019 年底，全国累计开工建设保障性安居工程近 7300 万套，帮助约 2 亿困难群众改善了住房条件。其中，3800 多万困难群众住进公租房，累计近 2200 万困难群众领取了货币补贴，低保、低收入城镇户籍住房困难家庭基本实现应保尽保，中等偏下收入家庭住房条件明显改善。

三、租赁住房体系：政策脉络与主要成效

在中国城市化进程中，租赁住房是满足城镇居民特别是新市民群体住房需求的重要方式，人口流入多的大城市的租赁群体规模和占比明显高于其他城市。近年来，中国租赁市场建设取得一定成效，供给主体多元化。长期以来，租赁市场处于自发性发展状态，与实现党的

十九大提出的“建立多主体供给、多渠道保障、租购并举的住房制度”目标仍有一定距离。

（一）政策脉络

2016年中央提出“房住不炒”。2017年党的十九大报告中又明确提出：“加快建立多主体供给、多渠道保障、租购并举的住房制度，让全体人民住有所居。”在此背景下，加快推进供给侧结构性改革，发展租赁住房体系，成为紧迫而重要的任务。

2020年中央经济工作会议将解决大城市住房突出问题作为2021年经济工作的八项重点任务之一，指出“要高度重视保障性租赁住房建设，加快完善长租房政策，逐步使租购住房在享受公共服务上具有同等权利，规范发展长租房市场。土地供应要向租赁住房建设倾斜，单列租赁住房用地计划，探索利用集体建设用地和企事业单位自有闲置土地建设租赁住房，国有和民营企业都要发挥功能作用。要降低租赁住房税费负担，整顿租赁市场秩序，规范市场行为，对租金水平进行合理调控”。

（二）发展成效

首先，住房租赁市场供给主体日趋多元化。按房屋来源划分，租赁住房主要包括三大类：一是城镇居民家庭出租的私有住房；二是部分企业持有并出租的住房；三是“城中村”和城乡接合部用于出租的农民住房（珠三角有些城市的“城中村”出租屋占租赁房源的一半以上）。目前个人出租住房仍是主要来源，占全部租赁住房的90%以上，但住房租赁机构和房地产企业正逐渐成为租赁市场的有益补充。2016年以来，住房租赁企业发展较快，租赁机构已超过5000家，但市场占比仍然较低。根据住建部摸底调查，2018 年，30 个大中城市住房租赁企业出租的住房约为 116 万套，占这些城市市场租赁住房总量的比重不到 5%。

其次，近年来中国长租公寓市场发展迅猛。从运营模式看，长租公寓可分为分散式（C2C）和集中式（B2C）两种基本模式。截至 2018 年底，全国长租公寓达到 375.25 万套，集中式公寓和分散式公寓分别达 240 万套和 135.25 万套，主要集中在长三角、京津冀和珠三角（占比 70.4%），十大热点城市占比 81.7%。分散式公寓的主要来源为个人房东，通过简单装修和分拆隔间后按间（合租）或按套（整租）租出。

四、住房发展阶段与需求结构发生深刻变化

迈入高质量发展阶段后，中国经济结构面临重大调整，城市化发展、人口结构和流向等都出现了一系列新变化新趋势，住房发展阶段和居民居住需求也随之发生深刻变化，对住房供应体系提出了新要求。

（一）住房发展阶段发生重大变化

随着持续大规模建设住房，中国住房市场由供不应求转向供求基本平衡。城镇住房户均套数已超过 1 套，市场正从快速发展阶段向平稳发展阶段过渡。在基本解决住房短缺问题的基础上，住房市场发展从主要解决“有的住”转向主要解决“住得好”。

根据第六次全国人口普查数据和近年来住房新开工面积、竣工面积等数据推算，2010 年底中国城镇家庭户的户均住房套数为 0.98 套，2015 年底城镇家庭户均住房提高到 1.1 套。按全部城镇人口测算，

2015年底全国城镇家庭户均住房也达到1.03套。央行对3万户城镇居民家庭的最新调查显示，2019年城镇居民户均住房达到1.5套（中国人民银行，2020）。如果进一步区分城镇户籍家庭和非户籍家庭，那么城镇户籍家庭的户均住房套数更高。相关资料表明，北京、上海等大城市户籍家庭的户均住房套数已达到1.4套。具体见图5.5。

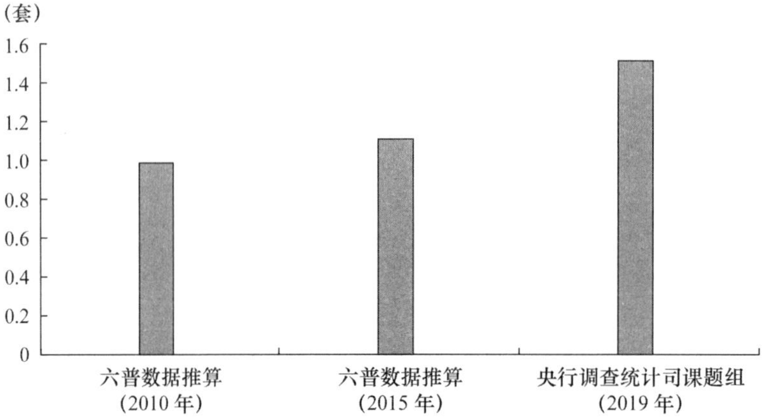

图5.5　城镇居民户均住房套数

资料来源：课题组整理。

（二）住房需求结构深刻变化

城市群和中心城市已成为承载中国经济社会发展的主要空间形态，人口及经济活动向城市群和中心城市集聚是大势所趋。伴随着房地产市场区域间、城市间的分化加剧，不同收入群体、不同代际、新老市民之间的住房需求也在日益分化。大城市的新市民群体住房支付能力不足的问题更加突出，改善性需求、养老需求、租赁需求等多样化需求加快涌现。

人口监测调查显示，主要城市群的流动人口“愿意长期居留城市”的比例超过80%。这些城市房价高，新市民购房支付能力严重不足，相当长一段时期只能租房。城镇居民面对工作地点变化、子女就近入学等问题，住房租赁需求也在快速上升。社区养老需求持续上升。中国人口老龄化趋势已不可逆转，预计2035年老年人口将达到4.2亿人，占总人口的比例超过30%。目前中国约有1.8亿独生子女，他们将面临照料4个老人的困境。

随着中国整体跨入中高收入经济体行列，中等收入群体规模不断壮大，城镇居民更加注重住房的宜居性，对住房功能设计、周边配套设施、公共服务提供等提出更高要求。据住房和城乡建设部统计，全国共有老旧小区近17万个，涉及居民超过4200万户，建筑面积约为40亿平方米。2015年的人口抽样调查显示，城镇住房成套率仅85%，有41%建成于1999年以前。老旧小区普遍管线老化、设备陈旧、配套不全、环境脏乱差，存在消防安全和社会治安隐患，小区居民的改造意愿强烈。

五、大型城市群发展对城市住房体系的新要求

住房市场化改革以来，商品房市场体系和租赁住房体系、保障住房体系发展均取得一定成效。在以城市群为主体的城市化发展新阶段，人口向核心城市大量集聚，引发核心城市新市民住房问题，城市间差异进一步增大。这迫切要求进一步完善住房体系，以更好地适应城市群发展的新形势。

（一）加强协调联动，形成有机整体

目前中国商品房市场、租赁市场和保障住房体系的关系尚未完全理顺，部分大城市存在住房供应总量不足、供应结构不合理、供应方式单一等问题，导致大城市居住成本偏高。此外，部分人口净流出城

市的住房供给超过需求，将长期面临消化库存的任务。

第一，商品房供应总量和结构不合理的问题尚未根本解决，不利于商品房价格稳定，也加大了住房保障和住房租赁的压力。大城市的购房需求、租赁需求和保障需求持续旺盛，使住房供给滞后性较明显。近年来为解决房价上涨过快的问题，部分大城市加大了租赁和保障住房供应，却没有增加甚至还减少了商品房供应，商品房市场主渠道的作用存在弱化趋势。从这些城市的实践看，容易陷入“房价上涨—保障和租赁需求增多—加大保障和租赁住房供应—减少商品房供应—房价进一步上涨”的循环。另外，对商品房供应结构的政策约束较多，没有充分发挥商品房在满足多层次住房需求方面的作用。比如，不少地方对中小户型住房、保障房和租赁房配建等仍有比例要求。

第二，住房保障以实物保障为主，住房保障体系与市场体系相互分割。住房保障的根本目标是保障人的居住权，保障方式应该随着房地产市场发展阶段的转换和需求的变化进行调整。在住房短缺、保障覆盖率低的阶段，大规模建设保障房有其必要性。但在市场供求关系基本平衡、保障覆盖面超过20%的新阶段，如果继续大量新建保障房，资金和后续管理方面的压力会明显加大，部分保障房也会因职住平衡等原因造成空置，住房保障成本将大幅提高。另外，低收入人群集中居住带来的潜在社会风险也需要高度关注。同时，目前的住房保障体系相对封闭，进入保障体系的家庭很难退出再进入市场体系。由于货币补贴占比低，住房保障也难以有效利用规模庞大、选择性更多的以存量商品住房为主导的租赁市场。

第三，发挥租赁市场的作用，进一步厘清其定位和供应方式。首先，不同群体的租赁需求差异较大，存在“一张床”“一间房”“一套房”的阶段性、过渡性需求。但一些地方过度强调租赁在满足居民长期住房需求中的作用。其次，部分城市对盘活存量房源用于租赁的重要性认识不足，改造闲置和低效利用的商业办公用房、工业厂房等用于租赁，会受到规划、消防、安全等配套政策适用范围和标准规范尚不明确等影响，进展缓慢。最后，一些大城市希望通过新建来增加租赁住房供应，但在租售比不合理的情况下，在国有土地上新建租赁住房不具备商业可持续性，也难以复制推广。

（二）对不同发展类型的城市住房体系，要更加重视分类施策

从城市群发展现状和规律看，中国城市群发展差异比较明显，既有长三角、珠三角等高端要素持续集聚型城市群，也有成渝、长江中游等产业稳定发展型城市群，部分城市群还出现了产业衰退、人口外流的趋势。城市群发展的不平衡要求住房体系既要全国“一盘棋”，也要更加重视分类施策。

高端要素持续集聚型城市群要抓住解决好核心城市住房问题的“牛鼻子”。高端要素持续集聚型城市群的核心城市多是区域乃至全国的经济、科技和贸易中心，集聚了大量高端产业和高收入人才，且城市群人口仍在持续集聚。由于城市可开发利用的空间相对有限，虽然积极开展城市更新进行存量盘活，但住房供需矛盾仍然突出。此外，这些城市由于发展时间较长，普遍存在大量的老旧存量房屋，甚至还有大量的“城中村”住房。因此，核心城市的房价收入比较高，租金负担也较重，但是居民的居住品质并不高。由于高端要素集聚型城市群存在着较强的外溢效应，如果核心城市房价畸高，很容易对周边城市产生辐射效应，导致周边城市房价出现脱离其居民支付能力和产业发展水平的异常抬升。由于人口持续大量流入，这些城市还会产生相当比例的新市民群体，而且以住房支付能力不高的年轻群体为主。这

些群体有着较强的租赁需求，随着收入的不断提高，他们会陆续产生购房、换房等需求，对城市住房体系发展形成较大的压力。

产业稳定发展型城市群住房政策宜着眼于成为经济产业发展的助推器和稳定器。产业稳定发展型城市群的城市化率等发展水平指标虽然低于高端要素集聚型城市群，但是各城市间发展相对均衡，核心城市的供需矛盾并不突出。产业稳定发展型城市群的核心城市一般处于快速集聚人口等要素资源阶段，产业从制造业向服务业转型，可开发用地相对较多，住房市场以新房为主。由于供需矛盾小，核心城市的住房负担并不重，房价收入比并未明显高出城市群整体，因此对周边乡村和城市人口的吸引力较强。在此背景下，合理发展、有序规划的住房供给体系将成为城市吸引人才、推进产业升级、发挥比较优势的助推器。

产业停滞衰退型城市群应着力推进产业结构转型调整，避免房地产高库存风险。产业停滞衰退型城市群普遍面临产业结构调整升级缓慢、城市竞争力减弱、人口外流的局面，主要原因在于资源禀赋枯竭、产业结构调整不及时、人才政策不友好、基础设施建设落后等。由于居民收入增速缓慢、人口大量流出，同时地方政府财源枯竭，政府对房地产业和土地财政的依赖进一步加深，住房供给相对充足，由此产生高库存风险。产业停滞衰退型城市群的当务之急是积极谋求产业结构调整和城市发展转型。

（三）城市群内的各城市在住房政策上要进一步加强联动协同

虽然住房的本质是不动产，但其承载的人口、资金等要素始终在城市群内的各城市间流动并保持着动态平衡，甚至随着城市群影响力向全国乃至全世界辐射。其中，尤以城市群核心城市与周边城市的房地产市场联动关系最为重要。如果周边城市在核心城市房价高企向外传导时盲目进行房地产开发建设，有可能会沦为“睡城”。如果周边城市不能充分发挥对核心城市居民住房需求的疏解作用，那么核心城市将很难独立解决居民住房问题，导致人才吸引力和竞争力下降，最终拉低城市群整体的增长速度。因此，城市群各城市应在深入落实“一城一策”的基础上，加强城市间住房政策的协调会商机制，尤其是核心城市与周边城市的联动机制。大部分城市群横跨多个省域，省级行政命令优先级高于城市群的自然经济地理联系，更需要在省级层面加强沟通合作。

六、新阶段住房体系的发展重点

经过70年的改革发展，中国住房体系已基本成形。为应对以城市群为主体的高质量城镇化阶段发展新要求，应积极促进住房体系间的协同联动，因地制宜完善商品房、租赁房和保障房三大体系。不同发展阶段和类型的城市群要积极寻找适合本城市群发展的住房政策体系。在城市群内部，各城市间的住房政策协调会商也要进一步加强。

（一）完善多层次的商品房供应体系

第一，坚持以普通商品房为主，供应不同价位、不同层次的商品住房，满足大多数群体的住房需求。政策上不宜对商品房供应数量、配套设施、户型大小、套内面积等作出过多过细的规定。

第二，在国有土地上新建住房，宜全部或绝大部分为商品住房，通过促进商品房市场供求平衡使市场价格保持在合理水平，解决部分大城市因商品房供应不足带来的房价过高和住房保障压力过大的问题。

第三，加快取消对商品房价格的各类限制性措施。限价政策已实施两年多，目前市场基本平稳，各城市宜按照“一城一策”原则加快取消限价措施，采取更加市场化的政策，实现房地产市场平稳健康发展的目标。

第四，加快城市更新，改善居民的居住品质。推动城市有机更新，多途径、多渠道改善群众的居住条件、居住环境和居住质量，提高群众的幸福感和获得感。充分利用老旧小区内外低效利用的工业用地、非住宅居住用地、空地、荒地等，创新规划变更程序，鼓励混合出让，适度提高容积率，统一规划、统一设计、统一改造、统一运营，实现资金的综合平衡。

（二）以盘活存量资源和闲置用地为主发展住房租赁市场

第一，积极盘活存量房屋用于租赁。完善税收调节机制，适当降低个人出租住房的税负，引导个人将多余住房拿出来用于租赁。落实《物权法》中关于房东和租客权益和义务的规定，房东在履行法定义务外不应该承担诸如消防安全等责任，鼓励房东将自有住房用于出租。

第二，鼓励将闲置和低效利用的国有厂房、商业办公用房等，按规定改建为租赁住房。改建后的租赁住房，水、电、气执行民用价格，并应具备消防安全条件。明确符合条件的客厅可改造为独立房间用于出租，各地可根据实际情况自行制定相应标准。探索将部分保障性住房租赁房源、人才公寓等交由住房租赁经营机构运作，既能发挥规模化住房租赁机构运营管理上的优势，还能减轻政府后续管理、维修等负担。

第三，多渠道新建租赁住房。在土地权属不变以及符合土地、城市规划的前提下，扩大利用农村集体经营性建设用地新建租赁住房的试点范围，支持利用集体建设用地按照规划建设租赁住房；探索非房地产企业将取得使用权的土地用作租赁用地、建设租赁住房的实施办法，打破地方政府单一主体供应租赁用地和开发企业单一主体新建租赁住房的格局。

第四，加快培育专业化、规模化住房租赁企业。重点支持自持物业用于租赁的重资产发展模式，实施土地、金融、税收等综合优惠政策，专业化、规模化住房租赁企业的增值税率可按生活服务业计算。

（三）转变保障方式，完善保障体系

加快以保障房建设为主向以货币化补贴为主的方式转型，实现实物保障与货币补贴相结合的多元化住房保障体系，促进住房保障可持续发展。

第一，明确住房保障体系的边界和覆盖范围。以保障性租赁住房为着力点，加快构建以保障性租赁住房和共有产权住房为主体的住房保障体系，结合推进城镇棚户区改造和老旧小区改造，有效增加保障性住房供给。在城镇户籍家庭住房保障问题基本“应保尽保”后，住房保障体系的重点要从户籍家庭逐步转为新市民等非户籍常住家庭，各地要逐步将新市民等纳入住房保障体系。

保障性租赁住房根据保障对象的不同，分为基本保障的公租房和非基本保障的政策性租赁住房。公租房面向城镇户籍人口中的住房、收入“双困”家庭，实行实物保障和货币补贴并举。政策性租赁住房面向新市民，由政府给予政策支持，多主体投资、多渠道保障，实行政府指导价。支持人口流入多的大城市发展共有产权住房，从面向户籍人口为主，逐步扩大到常住人口。

第二，科学制定住房保障规划，完善管理政策。人口向大城市持

续流入是经济高质量发展的必然结果，大城市的住房保障工作是一项长期性工作，需要规划先行、分步推进。建议抓紧研究出台住房保障发展规划，对未来住房保障面临的基本形势、各类住房保障对象数量和状况、政府保障能力进行综合分析判断，在此基础上明确提出住房保障发展的目标、近中期工作重点和主要指标，确保住房保障工作能够在一个清晰、稳定的目标框架下进行。

大城市新市民数量多，住房需求也具有多样性。建议针对新市民住房需求特点，研究建立与本地户籍家庭既有联系又有区别的住房保障政策体系。在城镇稳定就业一段时间（如三年以上）、持续缴纳各种保险的新市民的住房保障政策可与本地城镇户籍家庭的住房保障政策一致。考虑到城市的差异性，稳定就业的时间要求可由大城市确定。对其他新市民，可继续采取鼓励雇主单位提供宿舍或发放住房补贴等方式。由于大城市相当一部分新市民选择在家乡附近的城镇置业，还应逐步完善住房公积金跨区域转移和使用等问题，更好地满足新市民的置业要求。

第三，从“补砖头”为主向“补人头”为主转变。当住房市场供给严重不足时，“补砖头”的做法效率更高。然而，随着房源慢慢增多，“补人头”的优势将逐渐显现。以货币补贴为主（即“补人头”）可以最大限度地利用社会资源，由保障对象在市场上购房或租房，既满足了保障对象差异化的住房需求，又可以有效利用社会存量住房资源，还可以减轻政府大规模建设保障性住房的压力，降低保障成本。

（四）不同发展阶段和类型的城市群要因地制宜制定符合本城市群特色的住房政策

高端要素持续集聚型城市群要以盘活存量为主，积极增加核心城市的住房供给，保持城市的产业升级和竞争力。高端要素持续集聚型城市群的核心城市是住房矛盾的焦点，建议以积极增加住房供给为政策重点，保持总量平衡。一是以盘活存量为主，充分利用集体建设用地、闲置商业和工业用房、企事业单位自有闲置用地用房积极发展租赁类住房，结合城市老旧小区改造、“城中村”改造、棚户区改造等“三旧”改造，在推进城市产业空间持续重构的基础上，提高土地利用效率，改善居民生活品质，活化居住社区。二是注重解决新市民和城市低收入群体的住房问题。高端要素持续集聚型城市群及其核心城市居民的收入差距相对较大，新进入城市工作的人面临较大的住房支出等生活压力。应积极推进低租金、小户型保障性租赁住房的发展，促进租购同权；深入落实差异化信贷政策，实现居民沿住房阶梯有序提升的目标。

产业稳定发展型城市群应注重经济、产业和住房的协调发展。产业稳定发展型城市群应充分发挥房地产价格不高的优势，合理有序地推进住房体系建设。住房发展应与城市产业发展和人口流动相适应。例如，在产业园区、城市产业密集区及周边积极发展保障性租赁住房，促进职住平衡；积极落实人才住房、购房优惠政策；在城市新区建设中为未来人口的居住增量留足空间。

避免出现产业衰退型城市群。城市群应注重持续推进产业结构调整升级，实行友好的人口政策，保持基础设施建设节奏和对产业发展、人口集聚的支撑作用，避免整体性的产业衰退。

（五）注重城市群内各城市间住房政策的联动协同

城市群内各城市应在落实“一城一策”住房政策的基础上，积极协调会商，实现联动协同。一是实现公积金异地缴存和转移接续的联动协同，保证居民在城市群内有序流动时能够获得稳定持续的住房保障支撑。二是推进房地产调控政策联席会商制，限购、限售等行政性手段出台前要及时沟通，尤其是对全局影响较大的利率政策等的调整。三是有序协调土地供给与规划，避免出现条件相似的地区土地指标差异过大、地方政府为追求短期利益盲目供地或减少供地等现象。

执笔人：邓郁松　邵　挺　王瑞民

专题报告六

中国 19 个城市群概况

第十二届全国人大四次会议明确提出：在“十三五”时期要规划建设 19 个城市群，外加拉萨和喀什两个城市圈。这 19 个城市群包括京津冀、长三角、珠三角、长江中游、成渝、中原、哈长、辽中南、山东半岛、海峡西岸、北部湾、呼包鄂榆、山西中部、关中平原、宁夏沿黄、兰州—西宁、天山北坡、滇中和黔中城市群，共包括 241 座城市（直辖市、计划单列市和地级市），占中国地级市总数的 82%。

一、中国高度重视城市群发展

2006 年国家“十一五”规划提出，把城市群作为推进城镇化的主体形态。2007 年党的十七大报告提出，以大城市为依托，形成辐射作用大的城市群，培育新的经济增长极。2012 年党的十八大报告提出，继续实施区域发展总体战略，科学规划城市群规模和布局。2013 年中央城镇化工作会议提出，要在中西部和东北有条件的地区，依靠市场力量和国家规划引导，逐步发展形成若干城市群。2014 年《国家新型城镇化规划（2014—2020 年）》及“十三五”规划要求建设长三角、珠三角、京津冀、山东半岛、海峡西岸、哈长、辽中南、中原、长江中游、成渝、关中平原、北部湾、山西中部、呼包鄂榆、黔中、滇中、兰州—西宁、宁夏沿黄、天山北坡等19个城市群。2017年党的十九大报告指出，以城市群为主体构建大中小城市和小城镇协调发展的城镇格局。2018年中共中央、国务院《关于建立更加有效的区域协调发展新机制的意见》明确指出，以京津冀城市群、长三角城市群、粤港澳大湾区城市群、成渝城市群、长江中游城市群、中原城市群、关中平原城市群等推动国家重大区域战略融合发展，建立以中心城市引领城市群发展、城市群带动区域发展的新模式，推动区域板块之间融合互动发展。

二、中国19个城市群发展概况

（一）京津冀城市群

2015年4月30日，中共中央政治局召开会议审议通过《京津冀协同发展规划纲要》，为京津冀地区协同发展作出了明确规划。京津冀城市群包括北京、天津两大直辖市，以及河北省的张家口、承德、秦皇岛、唐山、沧州、衡水、廊坊、保定、石家庄、邢台、邯郸和河南省的安阳。从区域空间格局看，京津冀城市群已形成一核（北京）、双城（北京、天津）、三轴（京津发展轴、京保石发展轴、京唐秦发展轴）、四区（中部核心功能区、东部滨海发展区、南部功能拓展区和西北部生态涵养区）、多节点（石家庄、保定等重要节点城市）的区域空间格局。雄安新区的规划建设让京津冀城市群备受瞩目。2018年，京津冀城市群人口占全国总人口的8.06%，经济总量占全国的9.31%[①]。但是，京津

① 如无特别说明，本专题各城市群的人口和经济数据均由课题组根据城市群各城市统计年鉴数据汇总。

冀城市群经济发展整体水平有待提高，虽然经济总量较大，但人均地区生产总值远低于长三角城市群和珠三角城市群。京津冀城市群内核心城市对区域发展的带动作用有待提升，低等级城镇数量过多、中等城市偏少，河北各市与京津两市的发展差异大。京津冀城市群在实际利用外资、进出口总额、区域一体化水平等方面的指标也落后于长三角和珠三角城市群（陆大道，2015）。

（二）长三角城市群

2016年5月，国务院批准了《长江三角洲城市群发展规划》。长三角城市群主要核心城市包括：上海、南京、无锡、常州、苏州、南通、盐城、扬州、镇江、泰州、杭州、宁波、嘉兴、湖州、绍兴、金华、舟山、台州、合肥、芜湖、马鞍山、铜陵、安庆、滁州、池州、宣城等26个地级以上城市。2018年，长三角城市群内人口在400万人以上的城市有17个，200万~400万人的有3个，100万~200万人的有5个，100万人以下的有1个。各城市间以沪杭、沪宁高速公路、多条铁路以及密集的公路为纽带。截至2018年底，长三角面积为35.9万平方千米，人口总量为2.2亿人，GDP总量为21.2万亿元。从占比看，2018年，长三角进出口总额占中国进出口总额的37%，利用外资占62%，对外投资占1/3。从创新实力看，长三角地区拥有全国1/4的“双一流”高校、1/3的科研费用支出和1/3的国家有效发明专利[①]。

（三）珠三角城市群

粤港澳大湾区包括香港特别行政区、澳门特别行政区和广东省的

① 《长三角一体化的新使命》，《人民日报（海外版）》2020年8月4日。

广州、深圳、珠海、佛山、惠州、东莞、中山、江门、肇庆，总面积18.1万平方千米，是中国开放程度最高、经济活力最强的区域之一。2018年的统计数据显示，区域中人口400万人以上的城市有8个，其中，广州、深圳的人口数达1000万人以上；200万~400万人的有中山市；100万~200万人的有1个，100万人以下的有1个。2018年，粤港澳大湾区总人口占全国的5.1%，创造了全国12.22%的经济总量。珠三角城市群还包括“广佛肇”（广州、佛山、肇庆）、“深莞惠”（深圳、东莞、惠州）、“珠中江”（珠海、中山、江门）三个新型都市区。2018年珠三角城市群人均GDP达12.9万元，居各城市群首位；城市化率达85.3%，为全国最高。珠三角城市群制造业发达，形成了以深圳—东莞—惠州为主体的电子信息产业集群和佛山—中山—珠海—广州为主体的电器机械产业集群，2018年A+H股上市公司市值达15.4万亿元。但是，除深圳外，珠三角城市群多以中低端制造业为主，机械、冶金等劳动密集型产业多，科研经费支出和发明专利数量不及北京、上海，自主创新能力有待提高。此外，珠三角城市群在高等院校数量、医院数量等优质公共服务资源供给方面与京津冀和长三角城市群还有一定差距。

（四）海峡西岸城市群

海峡西岸城市群包括福州、厦门、泉州、莆田、漳州、三明、南平、宁德、龙岩、温州、丽水、衢州、上饶、鹰潭、抚州、赣州、汕头、潮州、揭阳、梅州20个地级市，涉及福建、浙江、江西、广东4个省。海峡西岸城市群以福建省为主体，福建下辖的地级市数量占44.8%。2018年，海峡西岸城市群400万人以上人口的城市有11个，200万~400万人的城市仅8个，100万~200万人的有1个；人口占全国的6.62%，经济总量占全国的12%。海峡西岸城市群位于中国“三横两纵”城市化格局的沿海纵轴上，连接长三角和珠三角两大城市群，也处于海峡两岸经济文化交流的前沿。海峡西岸城市群人口、经济和城镇比较密集，随着高速铁路、普通铁路、高速公路构成的交通网络不断完善，城市间的通勤成本显著降低，有利于生产要素的大规模流动。但是，海峡西岸城市群的福州、厦门等中心城市还处于大规模集聚生产要素的发展阶段，与长三角、珠三角城市群的中心城市相比辐射带动能力不强。此外，城市群位于江西、广东等省份的城市受到核心城市的辐射不足，联系相对较弱，对城市群的支撑作用不强（李翔，2020）。

（五）山东半岛城市群

山东半岛城市群由济南、青岛2个副省级城市和淄博、威海、烟台、东营、潍坊、日照6个地级城市，及其所辖章丘、胶州、即墨、平度、胶南、莱西、龙口、莱阳、莱州、蓬莱、招远、栖霞、海阳、荣成、乳山、青州、诸城、寿光、安丘、高密和昌邑等县级城市集合而成。山东半岛城市群400万人以上的城市有5个、200万~400万人的城市有3个。2018年，山东半岛城市群常住人口占全国的3.3%，经济总量占全国的5.43%。从产业结构看，山东半岛城市群围绕山东胶济铁路沿线和山东沿海产业带沿线，形成“T”形架构的德州、济南、青岛、烟台—威海“三核先导”和六大产业集聚区：即东营—淄博的石化和医药产业带、济南的电子信息产业带、青岛—日照的家电制造产业带、烟台—威海的汽车制造产业带、潍坊—即墨的纺织服装产业带、日照—青岛—威海—烟台的海洋产业带。

（六）长江中游城市群

2015年，国家发展改革委印发的《长江中游城市群发展规划》中明确了长江中游城市群是以武汉城市圈、环长株潭城市群、环鄱阳湖城市群为主体形成的特大型城市群，其规划范围包括：沿黄金水道长江经济带的中部地区，具体有湖北省的武汉、黄石、鄂州、黄冈、孝感、咸宁、仙桃、潜江、天门、襄阳、宜昌、荆州、荆门，湖南省的长沙、株洲、湘潭、岳阳、益阳、常德、衡阳、娄底，江西省的南昌、九江、景德镇、鹰潭、新余、宜春、萍乡、上饶、抚州及吉安的部分县（区），面积约32.60万平方千米。2018年，长江中游城市群GDP突破8万亿元大关，达到80057亿元，人均GDP达到10.48万元。其中，武汉的GDP达到14847亿元，长沙突破了1.1万亿元关口，南昌达到5274亿元。2017年，长江中游城市群常住人口为7640万人，达到千万人口的只有武汉，500万～1000万常住人口的城市则有11个，不足300万人口的城市有12个。长江中游城市群人口众多、资源丰富，农业特别是粮食生产优势明显，工业门类较为齐全，形成了以装备制造、汽车及交通运输设备制造、航空、冶金、石油化工、家电等为主导的现代产业体系，战略性新兴产业和服务业发展迅速。但是，长江中游城市群一体化发展机制还有待完善，还存在中心城市辐射带动能力不强、产业结构和空间布局不尽合理等短板（姜奎、郑群明，2021）。

（七）中原城市群

根据国务院2016年12月28日批复的《中原城市群发展规划》，中原城市群包括河南省的郑州、开封、洛阳、南阳、安阳、商丘、新乡、平顶山、许昌、焦作、周口、信阳、驻马店、鹤壁、濮阳、漯河、三门峡、济源，山西省的长治、晋城、运城，河北省的邢台、邯郸，山东省的聊城、菏泽，安徽省的淮北、蚌埠、宿州、阜阳、亳州等5省30座地级市，总面积28.7万平方千米。2017年，中原城市群生产总值67778.12亿元，总人口16353.17万人。中原城市群拥有特大城市郑州和数量众多、各具特色的大中小城市。城镇空间聚合形态较好，常住人口的城市化率达到50%，大中小城市和小城镇协调发展的格局初步形成，是中国中部城镇最为密集的地区。中原城市群内产业体系完备，装备制造、智能终端、有色金属、食品等产业集群优势明显。但是，中原城市群核心城市首位度不高，辐射带动能力不强，城市间缺乏合理科学的分工，存在产业结构趋同和同质化竞争问题（叶红心，2018）。

（八）成渝城市群

2016年3月，国务院常务会议通过《成渝城市群发展规划》。成渝城市群包括四川省的成都、泸州等15个城市和重庆市的27个区县，总面积18.5万平方千米，占全国的1.9%；2018年经济总量为5.8万亿元，占全国的6.4%。成都的地区生产总值超过1.5万亿元，增长8%左右；重庆实现地区生产总值20363.19亿元。2018年成渝城市群常住人口已达到约1亿人，占全国的7.2%，城市化率从2010年的46.3%增长到2018年的53.8%，但比全国平均水平低5.8个百分点。成渝城市群是西部经济基础最好、经济实力最强的区域之一，电子信息、装备制造和金融等产业实力较为雄厚。成渝城市群虽然发展基础相对薄弱，但近几年来呈现加速发展趋势，由原先作为西部大开发的战略支点上升为打造国家经济增长的“第四极”。但是，成渝城市群面临两大核心城市虹吸的效应明显，区域副中心城市缺位、支柱产业竞争大于合作、难以形成互补效应、基础设施建设尚不完善等问题限制了城市群内的人口与产业在区域内实现梯度承接与转移（杨玉琴，2021）。

（九）北部湾城市群

2008 年 1 月，国家批准实施《广西北部湾经济区发展规划》，标志着北部湾经济区开放开发上升为国家战略。北部湾城市群地处华南、西南沿海，涵盖粤、桂、琼三省区，包括广西壮族自治区的南宁、北海、钦州、防城港、玉林、崇左，广东省的湛江、茂名、阳江和海南省的海口、儋州、东方、澄迈、临高、昌江，形成了“一湾双轴、一核两极”的城群框架，规划陆域面积 11.66 万平方千米，海岸线 4234 千米。2020 年，北部湾城市群的 GDP 总量是 21448.3 亿元，相较于 2019 年的 20788.3 亿元，增加了 660 亿元，同比增长 3.17%。北部湾城市群现代产业体系快速兴起，产业规模不断壮大，打造了一批产业发展示范区，推动园区高质量发展。区域性交通枢纽基本建成，形成了服务西南地区“出海”“出边”的国际大通道；沿海港口加速崛起，已实现与世界 100 多个国家和地区、200 多个港口通航；已开通渝桂、川桂、滇桂、黔桂、陇桂 5 条海铁联运线路，成为中国西南、中南地区重要的出海口和对东盟海上贸易的重要口岸。

（十）关中平原城市群

2018 年，《关中平原城市群发展规划》获得国务院批复，陕西省发展改革委印发《2019 年推进关中平原城市群建设行动计划》，出台 31 条具体措施，为加快关中平原城市群建设提供了具体路径。关中平原城市群包括陕西省的西安等 6 座城市、山西省的运城等 2 座城市和甘肃省的天水等3座城市。2018年，关中平原城市群的人口为3865万人，GDP总量约2.2万亿元。关中平原城市群区位交通优势显著，地处中国内陆中心，是亚欧大陆桥的重要支点，是西部地区面向东中部地区的重要门户，也是引领西北地区发展的重要增长极。从产业发展看，关中平原城市群工业体系完整，产业聚集度高，是全国重要的装备制造业基地、高新技术产业基地、国防科技工业基地。但是，目前关中平原城市群仅有西安1个核心城市。2018年，西安市的GDP刚突破8000亿元，占到整个关中平原城市群的1/3左右，相比东部城市群中的中心城市，其经济发展水平尚有差距，城市功能不够完善，辐射带动作用不强（周冀等，2019）。

（十一）兰州—西宁城市群

2018年，国务院批复了《兰州—西宁城市群发展规划》。兰州—西宁城市群以甘肃省省会兰州市、青海省省会西宁市为中心，包括甘肃省定西市和青海省海东市、海北藏族自治州等22个地州市。兰州—西宁城市群总面积9.75万平方千米，2018年地区生产总值5507.11亿元，常住人口1205.27万人。兰州—西宁城市群自然资源丰富，水资源、矿产资源、有色金属、天然气、石油、草原资源均位居全国前列；科技实力雄厚，有较大的熟练产业工人群体，劳动力资源丰富；农业条件较好，是中国粮食、畜牧品、中药材等的重要生产基地；工业和交通也有相当的基础。但是，与发达城市群相比，兰州—西宁城市群的发展还存在明显的短板。一是城市数量比较少，只有兰州、白银、定西、临夏、西宁和海东6个市和一些相关的县。二是GDP总量较低，甘肃（8718.3亿元）和青海（2965.95亿元）两省之和才突破万亿元，远低于四川、重庆等其他西部省份。三是兰州—西宁城市群内的交通体系还没有成形，中心城市与节点城市以及节点城市之间的交通网络有待建设，“一小时经济圈”也尚未成形。四是既缺乏有影响力、辐射力的核心城市，也缺少可以构建产业关联的中小城市，城市间的经济发展水平相差较大（程钦良等，2020；高新才、殷颂葵，2018）。

（十二）呼包鄂榆城市群

2018 年，《呼包鄂榆城市群发展规划》获得国务院批复。呼包鄂榆城市群包括内蒙古自治区的呼和浩特、包头、鄂尔多斯和陕西省的榆林，区域总面积 17.5 万平方千米。其中，呼和浩特是内蒙古自治区首府，2019 年 GDP 为 2791.46 亿元，人口为 313.68 万人。包头是内蒙古自治区最大的工业中心，2019 年 GDP 为 2714.47 亿元，人口为 276.6 万人，是中国百强市之一。2019 年鄂尔多斯 GDP 为 3605.03 亿元，人口 208.76 万人，在中国百强市中排名前列。2019 年，榆林的 GDP 为 4136 亿元，人口 370 余万人，在中国百强城市中位居前列。虽然呼包鄂榆城市群内各城市经济相对发达，人均 GDP 较高，但产业结构单一，城市群整体质量不高，中心城市规模不大、辐射带动能力不强，交通基础设施建设还有待完善（马跃，2020）。

（十三）宁夏沿黄城市群

宁夏沿黄城市群位于全国“两横三纵”城市化战略格局中包昆通道纵轴的北部，包括宁夏回族自治区以银川为中心的黄河沿岸部分地区。宁夏沿黄城市群包括银川、石嘴山、吴忠、中卫、平罗、青铜峡、灵武、贺兰、水宁、中宁 10 个城市。2018 年，宁夏回族自治区经济总量为 3705.18 亿元，其中，银川为 1901.48 亿元，经济首位度为

53.2%。常住人口为688.1万人，其中银川为206万人。宁夏沿黄城市群是全国重要的能源化工、新材料基地，清真食品及穆斯林用品和特色农产品加工基地，区域性商贸物流中心。

（十四）天山北坡城市群

国家发展改革委发布的《2019年新型城镇化建设重点任务》指出，加快出台实施天山北坡、滇中两个边疆城市群发展规划。天山北坡城市群包括乌鲁木齐、石河子、昌吉、克拉玛依、吐鲁番、伊犁等。截至2018年，新疆常住人口为2486.76万人。其中，北坡城市群人口规模占新疆人口的1/4，经济总量占1/3以上。天山北坡城市群有明显的发展特色：一是不跨省区，是坐落在同一个省级行政区内的城市群；二是中国最西部的城市群；三是位于“丝绸之路经济带”核心区。天山北坡城市群是新疆维吾尔自治区优先发展的重点区域，是西部大开发的重点规划和发展区域，是新疆建设丝绸之路经济带核心区的重要支撑和载体。相比于其他内陆城市群，天山北坡城市群还存在区域经济综合实力较低、区域产业协同度低、城市体系建设不完备、区域发展不平衡、中心城市辐射能力不强等问题。随着丝绸之路经济带建设不断发展和东部产业转移优化要素配置不断推进，天山北坡城市群发展还有较大的潜力（方创琳，2019；龚晓菊、申亚杰，2017）。

（十五）哈长城市群

哈长城市群规划范围包括黑龙江省的哈尔滨、大庆、齐齐哈尔、绥化、牡丹江，吉林省的长春、吉林、四平、辽源、松原、延边朝鲜族自治州。国家发展改革委2016年发布的《哈长城市群发展规划》明确了哈长城市群的四大战略定位：一是东北老工业基地振兴发展重要增长极；二是北方开放重要门户；三是老工业基地体制机制创新先行区；四是绿色生态城市群。但是，哈长城市群经济总量不大，中心城市的辐射带动作用有待增强。2018 年，哈长城市群共实现经济总量 2.75 万亿元，经济体量在国内城市群中处于中下游水平。两大中心城市哈尔滨和长春仍处于改革和振兴的发展阶段，对区域的辐射带动能力相对有限。哈长城市群内部各城市的功能定位与分工不明确，除哈尔滨、长春两大中心城市产业类型相对丰富多元外，其余中小城市的产业结构单一，多偏资源型、重化工型、传统型，支柱产业增长乏力，难以有效发挥城市群应有的比较优势和规模经济（陈梦筱，2020；詹军、韩飞，2019）。

（十六）辽中南城市群

辽中南城市群由沈阳、大连两个副省级城市与联系紧密的多个地级市组成。其规划范围包括：沈阳、大连、鞍山、抚顺、本溪、营口、辽阳、铁岭、盘锦共 9 个城市，区域总面积为 8.15 万平方千米。其中，沈阳是东北地区的政治、文化和信息中心，中国最大的综合性重工业基地；大连是东北亚地区重要的国际航运中心，东北地区最大的港口城市、对外贸易口岸、经济中心和金融中心，是重要的旅游城市。辽中南地区的工业化发展已近 70 年，有环渤海地区和连接东北亚的区位优势，资源要素禀赋良好，是全国最大的重工业基地，也是中国重要的商品粮食生产基地和能源原材料基地，大中小城市体系发展健全，常住人口城市化率达到 73.1%，高于全国同期平均水平 17 个百分点。但是，辽中南城市群还存在内部经济发展差距大、GDP 增速普遍偏低、城市群人口整体呈现净流出等一系列问题（李崇峰，2016）。

（十七）山西中部城市群

2019 年 9 月，山西省委常委会议审议通过了《山西中部盆地城市群一体化规划纲要（2019—2030 年）》。山西中部城市群是以山西省省会太原为中心，以太原盆地城镇密集区为主体构成的城市群。山西中部城市群整体实力雄厚，在全省占有 1/8 的土地面积，承载了 1/4 的人口，创造了 1/3 的 GDP，聚集了 2/3 的高校。山西中部城市群地处省域中心地带，具有基础较好、潜力很大、承东启西和连接南北的优势。2012 ~ 2018 年，山西中部城市群的产业结构已实现由“二三一”向“三二一”的转换，第三产业占比整体已超过 55%。但是，山西中部城市群与全国其他城市群相比，影响力和竞争力还不强，主要是太原都市区综合承载力不够强、辐射带动作用不够大所致，具体表现在：经济总量偏小，难以发挥中心城市的辐射带动作用；长期以来采用单核心外延扩张的发展模式，发展空间受到很大制约（赵守艳、王君，2021；贾岷峰等，2020）。

（十八）滇中城市群

2020 年，云南省政府印发《滇中城市群发展规划》。滇中城市群位于“一带一路”和长江经济带的交汇区域，是全国“两横三纵”城镇化战略格局的重要组成部分，包括昆明、曲靖、玉溪、楚雄彝族自治州及红河哈尼族彝族自治州北部 7 个县（市），共 49 个县（市、区）。区域总面积 11. 14 万平方千米，截至 2018 年末常住人口 2127 万人，地区生产总值 1. 02 万亿元，分别占全省的 28. 3%、44. 1%、61. 6%。滇中城市群计划打造“一主四副”空间结构，“一主”是指昆明；“四副”分别是曲靖城镇组团、玉溪城镇组团、楚雄城镇组团、蒙自城镇组团。从 2018 年各城市经济情况看，昆明常住人口 685 万人，上年经济总量达到 5206. 90 亿元，全省占比 29%；曲靖常住人口 615. 5 万人，经济总量为 2013. 4 亿元；玉溪常住人口 238. 6 万人，经济总量为 1493 亿元；楚雄经济总量有 36. 97 亿元，人口为 274. 8 万人；红河常住人口 271 万人，经济总量为 1593.77 亿元。但是，滇中城市群发展还面临一系列问题，包括主动服务和融入国家战略、发挥支点作用不足，自身发展动力不足，对内对外开放度不高，基础设施网络支撑不足，区域协调发展机制尚未健全等（潘鹤思，2016）。

（十九）黔中城市群

2017 年 3 月 8 日，经贵州省政府批准、国家发展改革委同意，《黔中城市群发展规划》正式印发实施。黔中城市群位于贵州省中部地区，包括贵阳、遵义、安顺、毕节、黔东南州、黔南州 6 个市（州）及贵安新区的 33 个县（市、区），区域总面积为 5.38 万平方千米。目前，黔中城市群规划区域内已包含 I 型、Ⅱ型大城市各 1 座，中等城市及 I 型小城市各 2 座，Ⅱ型小城市 3 座，以及 16 个县城和 197 个建制镇，大中小城市和小城镇协调发展的体系初步形成。黔中城市群作为贵州省最具发展潜力的重点城市化区域和经济实力最强的板块，是带动贵州省经济持续快速增长、促进区域协调发展的重要平台，也是贵州省建设国家生态文明试验区、大数据综合试验区和内陆开放型经济试验区的重要支撑。

三、各城市群的初步分类

从城市群人口总量、密度和增速看，可以将 19 个城市群分为四类：一是人口密度较高且快速集聚的城市群，如京津冀、长三角、珠三角、山东半岛城市群；二是人口密度较高但增速较缓的城市群，如中原城市群；三是人口密度较低但快速增长的城市群，如海峡西岸、北部湾、呼包鄂榆、宁夏沿黄、天山北坡、滇中城市群；四是人口密度较低且增长不快的城市群，如长江中游、成渝、哈长、辽中南、山西中部、关中平原、兰州—西宁、黔中城市群（见图6.1和图6.2）。

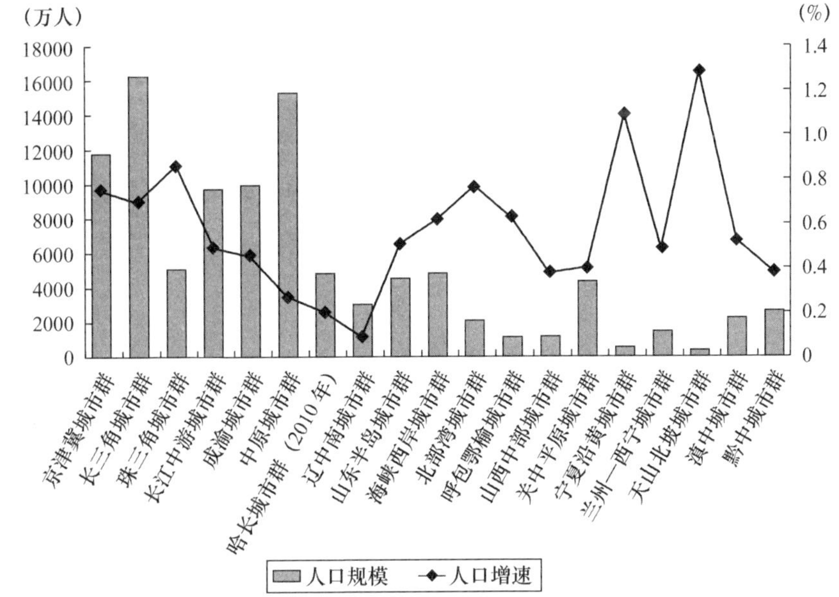

图6.1　各城市群2018年人口规模和2010~2018年人口增速

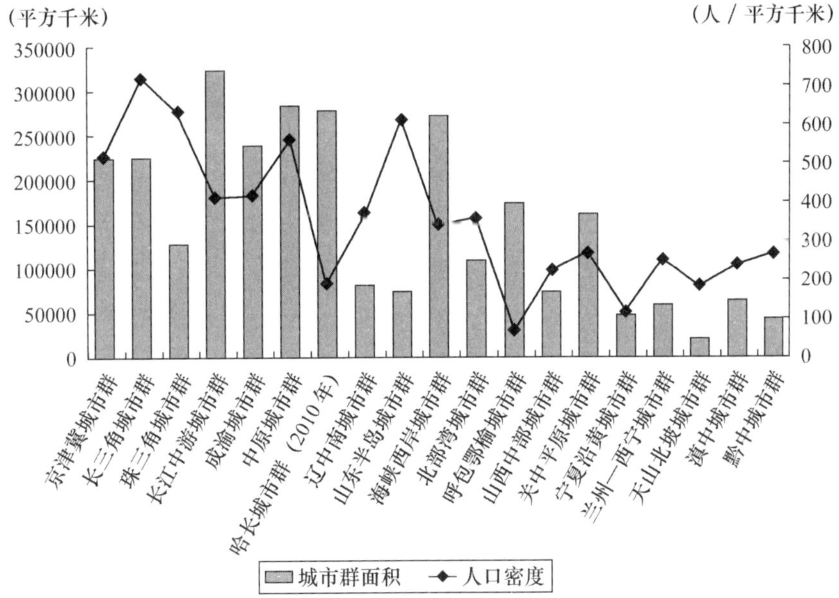

图6.2　各城市群面积和人口密度（2018年）

从经济总量、密度和增速看，可以将 19 个城市群分为四类：一是经济密度较高且快速增长的城市群，如长三角、珠三角城市群；二是经济密度较高但增速较缓的城市群，如京津冀、山东半岛城市群；三是经济密度较低但快速增长的城市群，如长江中游、成渝、中原、呼包鄂榆、山西中部、关中平原、宁夏沿黄、兰州—西宁、天山北坡、黔中城市群；四是经济密度较低且增长较缓，如哈长、辽中南、海峡西岸、北部湾、滇中城市群（见图 6.3 ~ 图 6.5）。

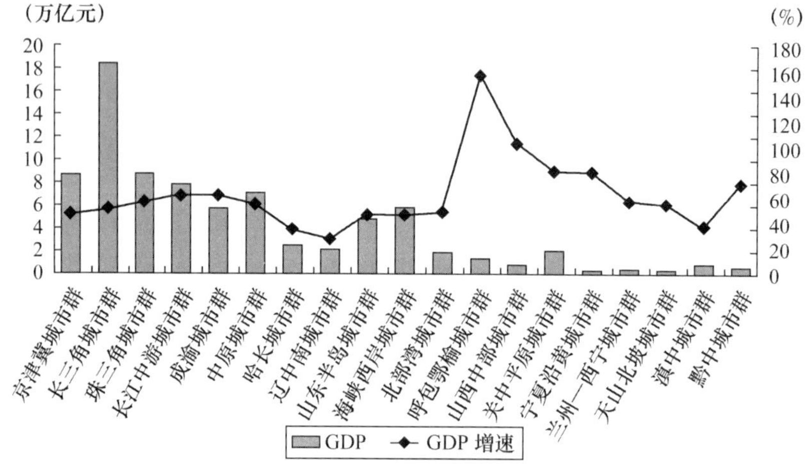

图 6.3　各城市群 2018 年 GDP 和 1999 ~ 2018 年年均 GDP 增速

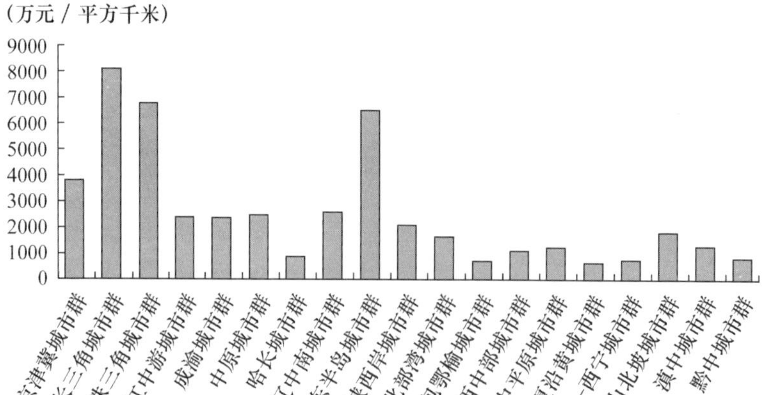

图 6.4　各城市群 GDP 密度（2018 年）

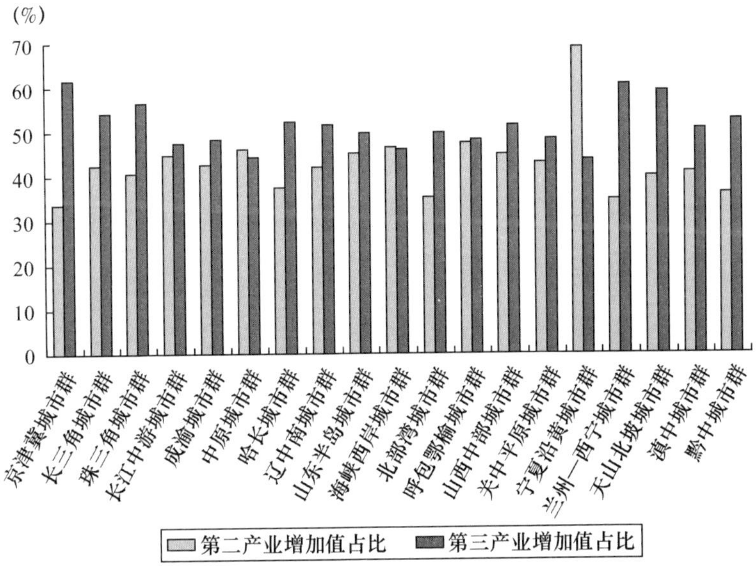

图6.5　各城市群产业结构对比（2018年）

执笔人：牛三元

参考文献

[1] 顾朝林．城市群研究进展与展望．地理研究，2011（5）

[2] 周一星，张莉．改革开放条件下的中国城市经济区．地理学报，2003，58（2）

[3] 姚士谋，陈振光，朱英明．中国城市群第3版．北京：中国科学技术大学出版社，2006

[4] 赵勇，白永秀．中国城市群功能分工测度与分析．中国工业经济，2012，（11）

[5] 尹稚：新型城镇化下半场的核心是推进区域协调发展战略．见https：//www. gmw. cn/xueshu/2020－11/10/content_ 34356470. htm.

[6] 李华香，李善同．中国城市服务业空间分布的特征及演变趋势分析．管理评论，2014，26（8）

[7] Kolko，J. Urbanization，Agglomeration，and Coagglomeration of Service Industries. NBER Chapters，2010：151－180.

[8] 国务院发展研究中心市场所．技术革命与城市化．内部课题报告

[9] 李善同，王菲．我国交通基础设施建设对城市化的影响及政策建议．重庆理工大学学报（社会科学），2017，31（4）

[10] 住房和城乡建设部政策研究中心．平安地产金融报告（2015）：城市群发展规律及其对房地产市场影响研究．北京：中国金融出版社，2015

[11] 邬思怡，张协奎，张练．中国房价上涨对城市扩张的驱动效应研究——来自69个大中城市门限模型的经验证据．广东财经大学学报，2017，（3）

[12] 贾媛媛，杨建平．关中城市群人口变迁带来的住房需求预测．西部大开发（土地开发工程研究），2017，2（8）

[13] DiPasquale，Denise&Wheaton，William. Urban Economics and Real Estate Market. 1996.

[14] Meen，Geoffrey. Regional House Prices and the Ripple Effect：A New Interpretation. Housing Studies，1999，14（6）：733－753.

[15] Wood，Robert，The Information Content of Regional House Prices：Can They Be Used to Improve National House Price Forecasts？. Bank of England Quarterly Bulletin，Autumn 2003，Available at SSRN：https：//ssrn. com/abstract＝706961.

[16] 丁如曦，倪鹏飞．中国城市住房价格波动的区域空间关联与溢出效应——基于2005—2012年全国285个城市空间面板数据的研究．财贸经济，2015（6）

[17] 李永友．房价上涨的需求驱动和涟漪效应——兼论我国房价问题的应对策略．经济学（季刊），2014（2）
[18] 杨赞，丁立群，杨鸿杰．基于城市群的住房需求相关性及政策影响研究．华东经济管理，2019
[19] 王书斌，徐盈之，魏莎．逃离“北上广深”背景下一线城市房价涟漪效应研究．系统工程理论与实践，2017，37（2）
[20] 程兰芳，张凤琴．京津冀协同发展下房价涟漪效应研究．价格理论与实践，2018，（8）
[21] 孙志燕．从技术革命的视角看我国未来城镇化战略与政策的选择．国务院发展研究中心调研报告，2019 年第 29 号
[22] 李君甫，李立群．2019 京津冀城市群住房市场分析及 2020 展望，房地产蓝皮书 - 中国房地产发展报告 No. 17，2020
[23] 刘志林，冯叶．住房、社区与“乡—城”移民的社会融入——基于四大城市群流动人口问卷调查的实证研究．规划师，2016，32（11）
[24] 国家卫生健康委员会．中国流动人口发展报告 2018.
[25] 王松涛，杨赞，刘洪玉．我国区域市场城市房价互动关系的实证研究，财经问题研究，2008，6（122）
[26] 兰峰，张春苗．空间经济学视角下的商品住房价格溢出效应研究．统计与信息论坛，2016（6）
[27] 王凯，陈明．中国城市群的类型和布局．北京：中国建筑工业出版社，2019.
[28] 广东省统计局．“十二五”时期广东人口发展状况分析．2016
[29] 广东省住建厅．广东省城中村现状及改造情况调研报告．内部报告（2017 年 11 月）
[30] 广东省住建厅．广东省住房保障建设发展规划（2018—2022）．2018
[31] 京东数科．2019 中国人口迁移和城镇化发展研究报告．
[32] 四川省大数据发展研究会．农民工外出务工数据分析报告．四川省“数字三农”发展论坛，2019
[33] 国家统计局四川调查总队．新中国成立 70 周年四川民生经济发展成就系列报告．2019
[34] 58 安居客房产研究院．2017—2018 成渝租房市场报告．
[35] 中国城市规划设计研究院．2020 年度全国主要城市通勤检测报告．
[36] 张晓兰．东京和纽约都市圈演化机制与发展模式分析．吉林大学，2010
[37] 温雅．日、英、美都市圈住房规划体系特征及其启示．规划师，2014，30（12）
[38] 韩忠．二战后旧金山湾区中心城市发展道路比较研究．厦门大学，2008
[39] 李博亚，张弦．东京湾横滨市对宁波城市转型发展的经验启示．中国工程咨询，2018（9）
[40] 熊健．上海自贸区临港新片区发展模式与空间对策研究．上海城市规划，2020（5）
[41] 滝川光是，伍止超．建筑存量时代的日本租赁住房内装改造方法及工业化部品技术．当代建筑，2021（2）
[42] 任荣荣，李牧汀．美国都市带房地产市场发展的经验与启示．宏观经济研究，2018（7）
[43] 陈梦筱．国家级城市群经济空间联系及演化趋向——以哈长城市群为例．经济地理，2020，40（5）
[44] 程钦良，张亚凡，宋彦玲．兰西城市群空间结构演变及优化研究．地域研究与开发，2020，39（2）

[45] 方创琳．天山北坡城市群可持续发展战略思路与空间布局．干旱区地理，2019，42（1）
[46] 高新才，殷颂葵．兰州西宁城市群经济效率测度．城市问题，2018（5）
[47] 龚晓菊，申亚杰．“一带一路”背景下天山北坡城市群的产业发展研究．当代经济管理，2017，39（11）
[48] 贾岷峰，白景涛，解宇超．山西省区域经济高质量协调发展的对策研究．北方经济，2020（3）
[49] 姜奎，郑群明．长江中游城市群旅游产业专业化空间非均衡特征及驱动机制．陕西师范大学学报（自然科学版），2021（9）
[50] 李崇峰．辽中南城市群城市功能定位研究．中共中央党校，2016
[51] 李翔．海峡西岸城市群空间结构对经济效率影响的实证研究．福建师范大学，2020.
[52] 陆大道．京津冀城市群功能定位及协同发展．地理科学进展，2015，34（3）
[53] 马跃．呼包鄂榆城市群经济高质量发展研究．内蒙古师范大学，2020
[54] 潘鹤思．滇中城市群人口分布与经济发展的协调度研究．云南大学，2016
[55] 杨玉琴．成渝城市群新型城镇化与产业协调发展研究．中国集体经济，2021（29）
[56] 叶红心．《中原城市群发展规划》出台的背景分析．区域治理，2018
[57] 詹军，韩飞．哈长城市群城市规模分布与演变特征研究．牡丹江师范学院学报（社会科学版），2019（4）
[58] 赵守艳，王君．山西中部盆地城市群产业一体化实证分析．现代工业经济和信息化，2021，11（6）
[59] 周翼，陈英，谢保鹏，裴婷婷，易鑫程．关中平原城市群城市联系与影响范围分析．地域研究与开发，2019，38（3）

后　记

当前我国经济社会发展进入新阶段，城市化正在从高速增长转向高质量发展阶段，大型城市群成为经济增长的重要载体，经济社会发展的重心以及人口、资金等要素资源向大型城市群集聚的趋势加快。大型城市群加快发展的新格局及其经济结构调整升级的新趋势使大型城市群住房问题正在成为我国住房领域发展的主要关注点。开展大型城市群住房体系研究，有利于把握当前及未来中长期我国住房领域发展的主要矛盾和关键问题，突破从单个城市出发解决住房问题的传统思路。从系统、全局、协调的角度，对大型城市群住房体系发展及其政策体系进行深入研究，对更好贯彻“因城施策”“一城一策”的指导方针、促进房地产市场长期平稳健康发展、促进城市群协调发展和提升中心城市的承载力，提供理论支撑和决策支持。

国务院发展研究中心市场经济研究所长期进行房地产市场、住房体系和城市化等领域的理论和政策研究。针对大型城市群住房体系这一全新议题，中心党组高度重视，将“大型城市群住房体系发展研究”列为2020年国务院发展研究中心重点课题，王安顺副主任（正部长级）亲自担任课题总顾问，马建堂书记及中心各位领导也在研究过程中给予了悉心指导。为做好该项研究，市场所组织了以所内骨干研究人员为主的课题组，具体承担相关的研究工作。课题组与相关部委、地方政府和市场机构开展了广泛、深入的合作。课题组赴珠三角、成渝、长江中游等城市群进行了深入的实地调研，与各地政府部门和房地产企业、金融机构、中介机构等开展了多次座谈。课题组也与贝壳找房、国信达等市场机构积极合作，充分利用市场机构的大数据工具开展分析研究。在国务院发展研究中心组织的年度重点课题评审中，课题成果获得了与会专家的一致好评，被评为中心优秀重点年度研究成果。

在课题研究中，市场所的研究团队付出了艰辛的努力。特别是感谢邓郁松副所长，作为执行负责人，他以高度负责的态度和全身心的投入，协助我承担了研究框架设计、研究组织协调与统稿等工作。感谢课题研究的各专题执笔人，分别是：专题报告一为邓郁松、王瑞民、牛三元；专题报告二为牛三元；专题报告三为苏诺雅；专题报告四为牛三元、苏诺雅；专题报告五为邓郁松、邵挺、王瑞民；专题报告六为牛三元。

在课题成果即将付梓之际，我谨代表课题组，对中心各位领导的关心指导和课题组成员的辛勤付出表示衷心感谢！也感谢相关部委、地方政府和市场机构对我们研究的大力支持！大型城市群住房体系是全新的研究课题，课题组虽然做了大量工作，但仍有问题需要深入研究，真诚期待各界的意见建议。

王 微

2021 年 12 月 31 日